Colorie et Crée™
Animaux
La collection ethnique
Vol 1.

Index

Page de test des couleurs

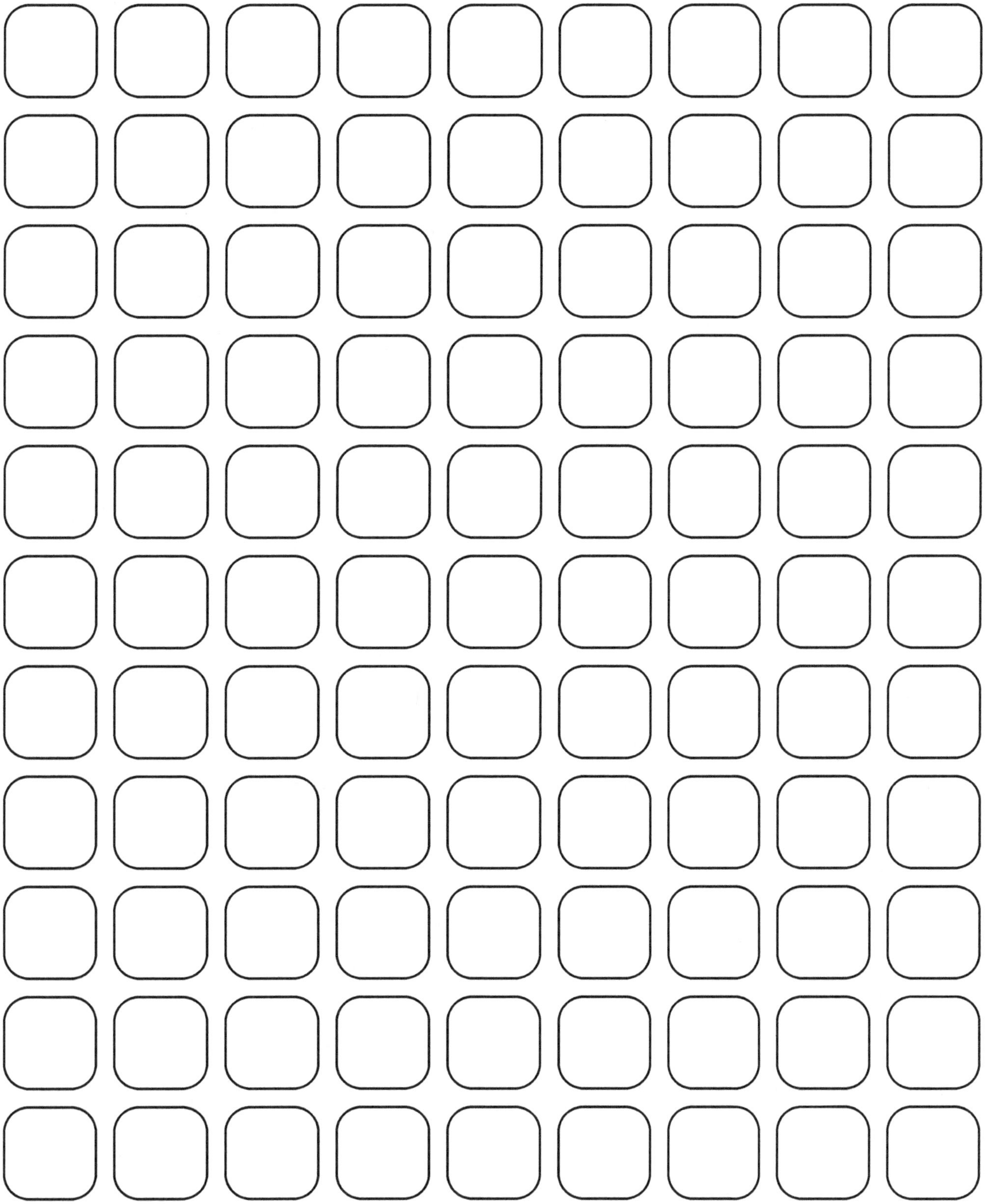

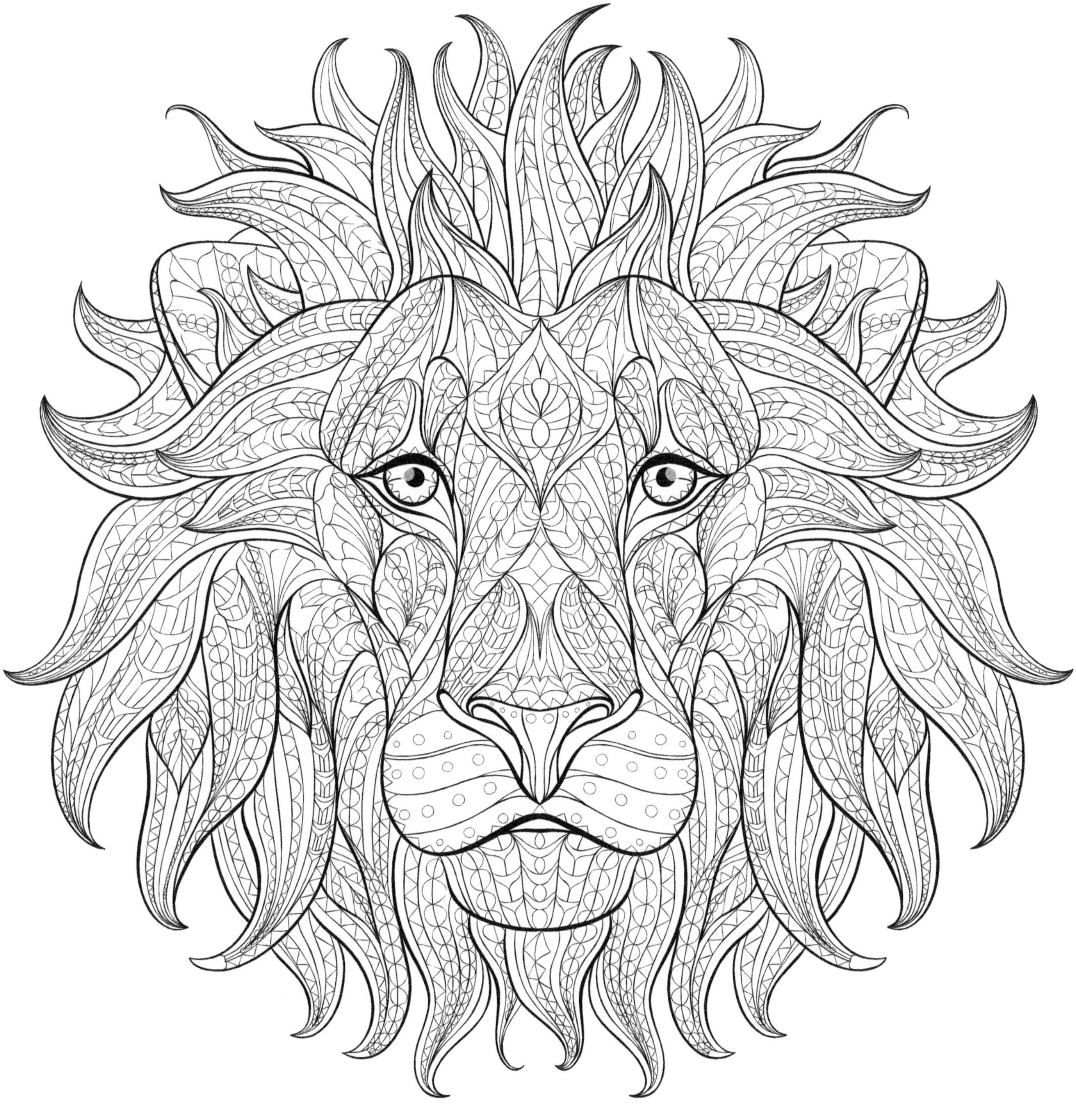

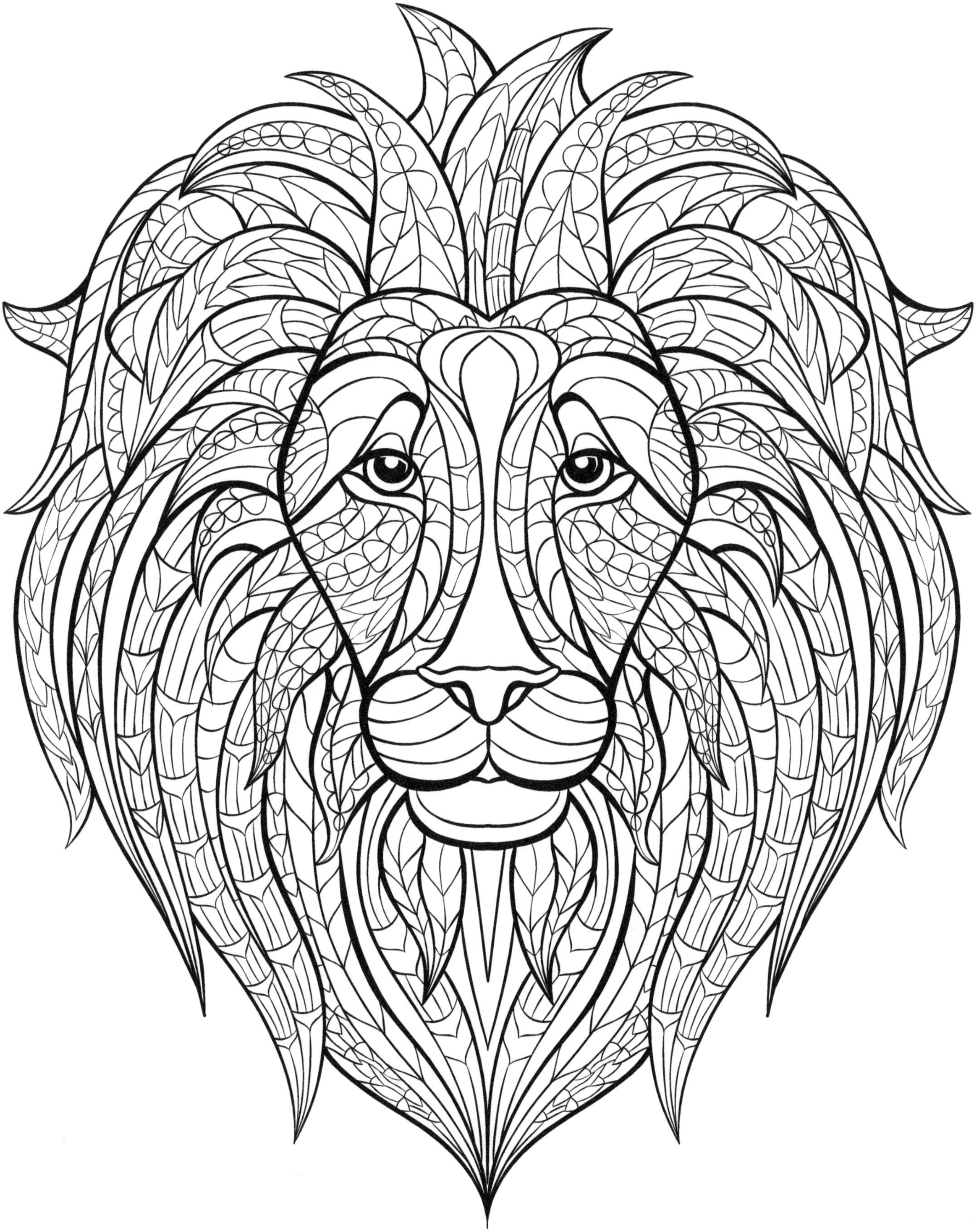

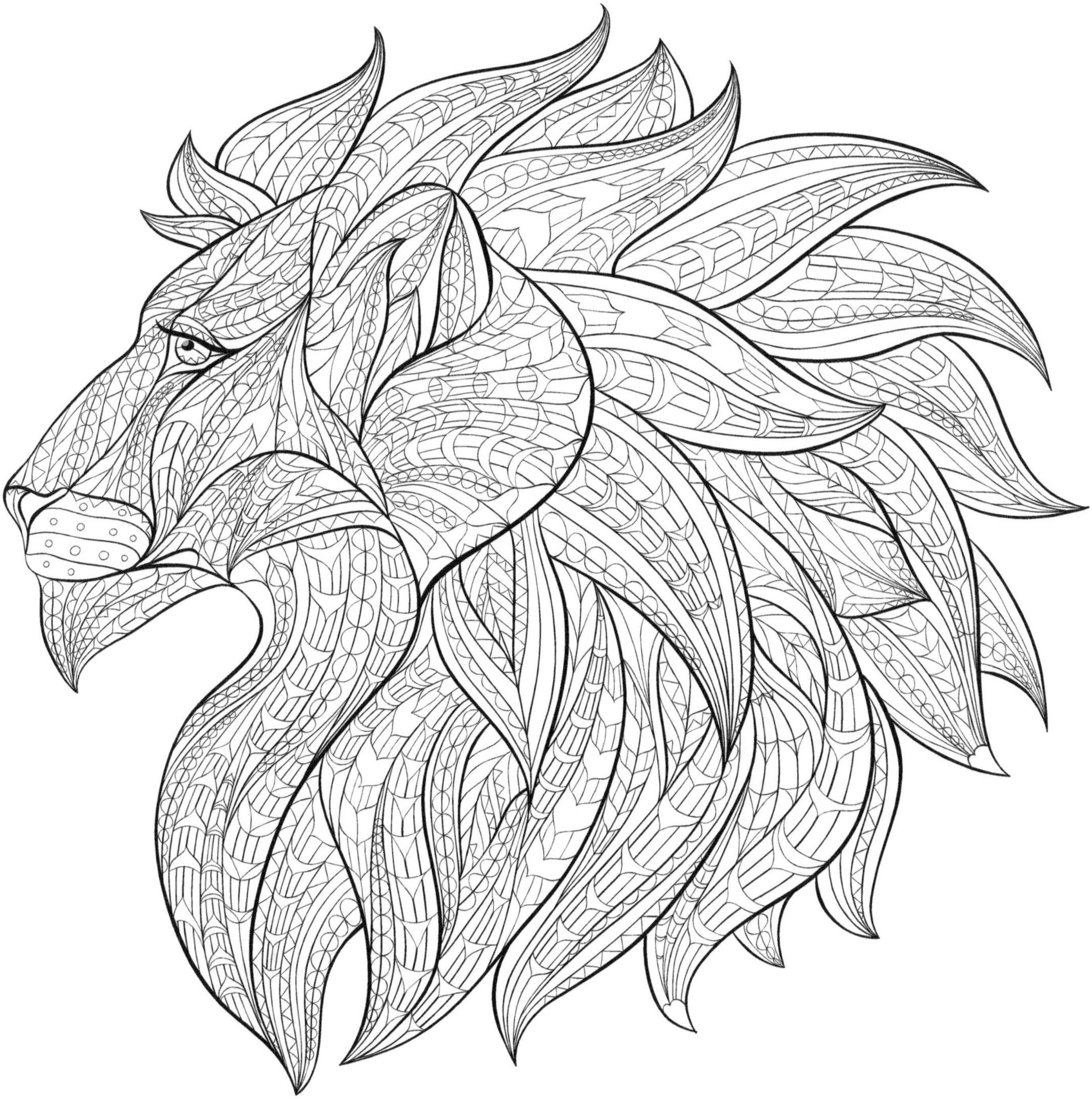

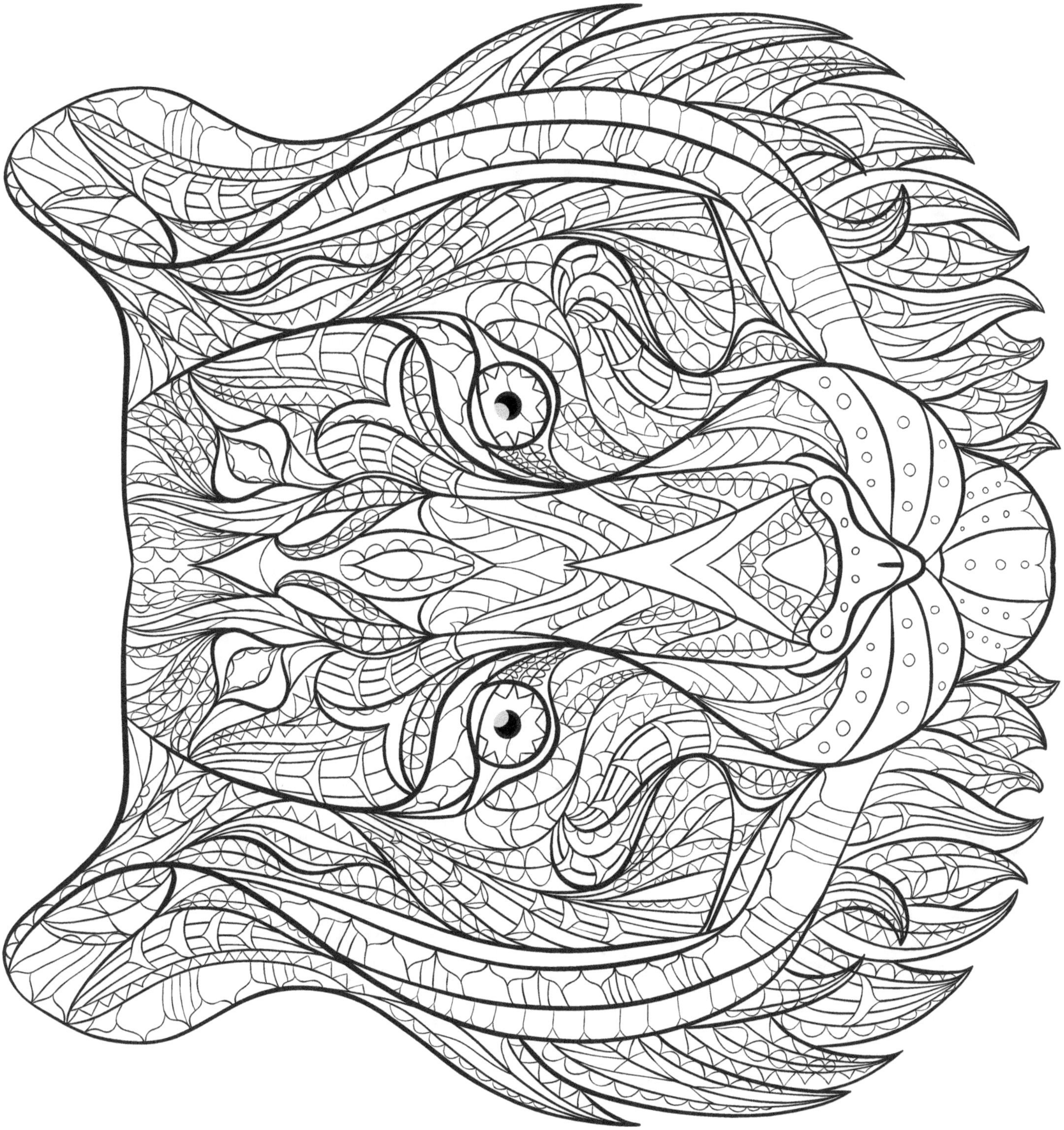

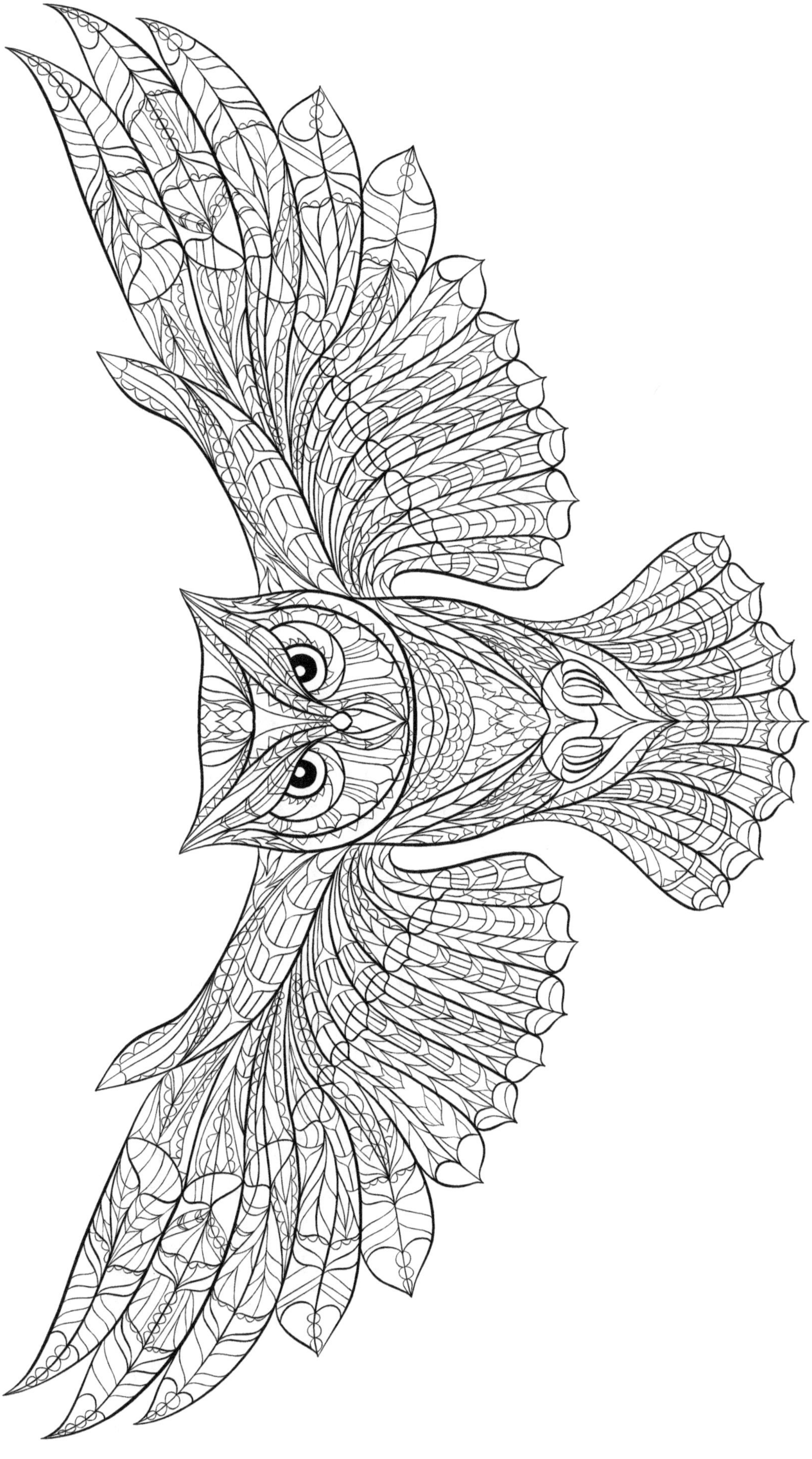

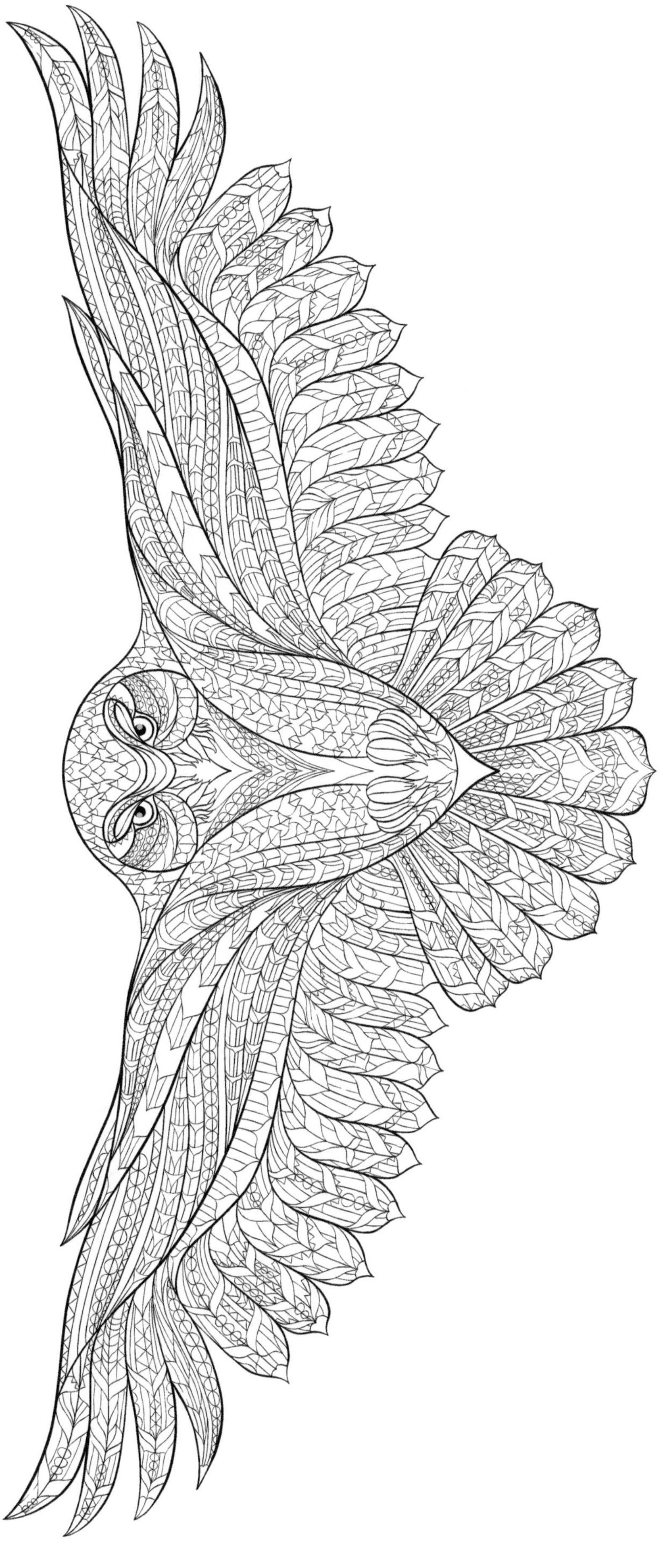

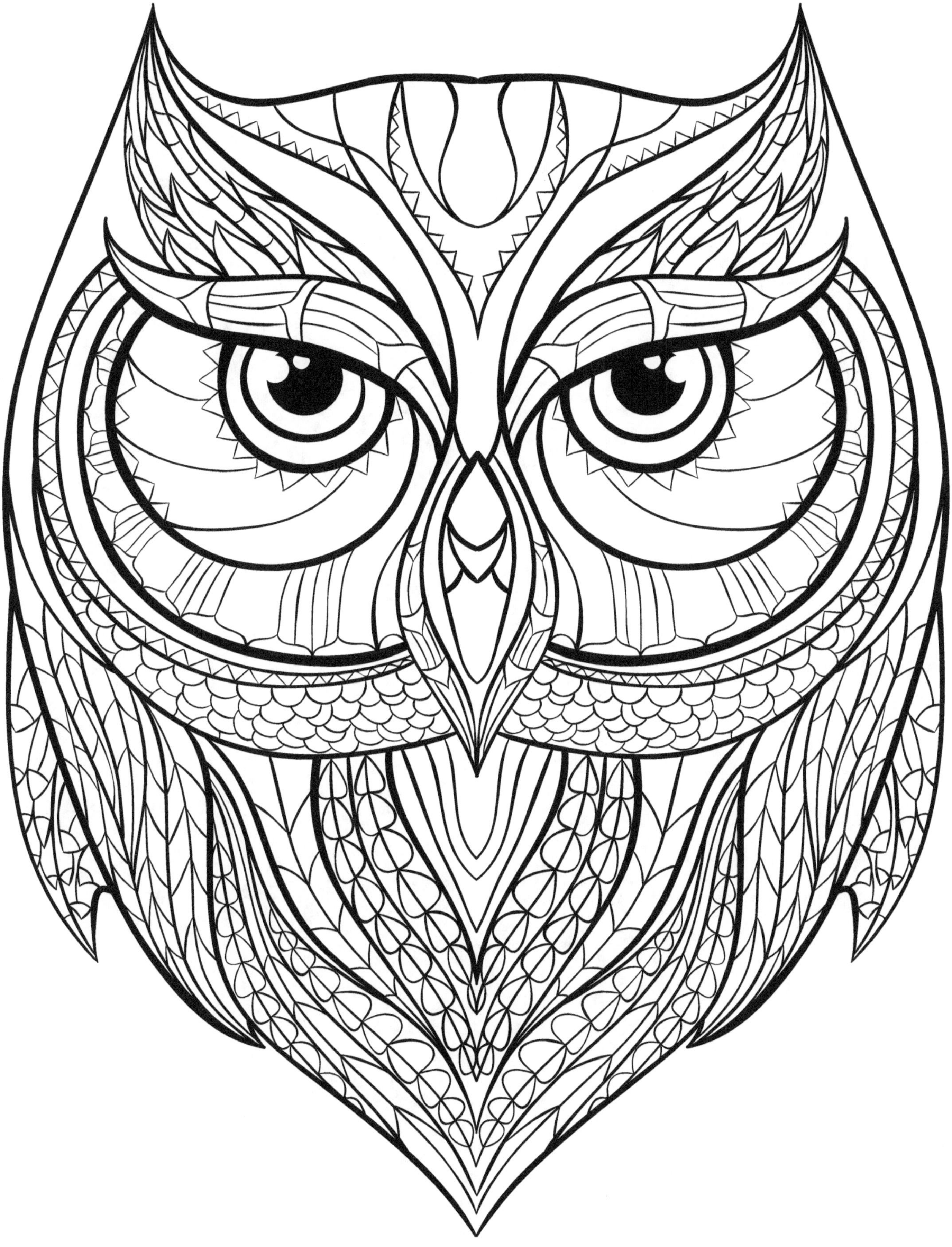

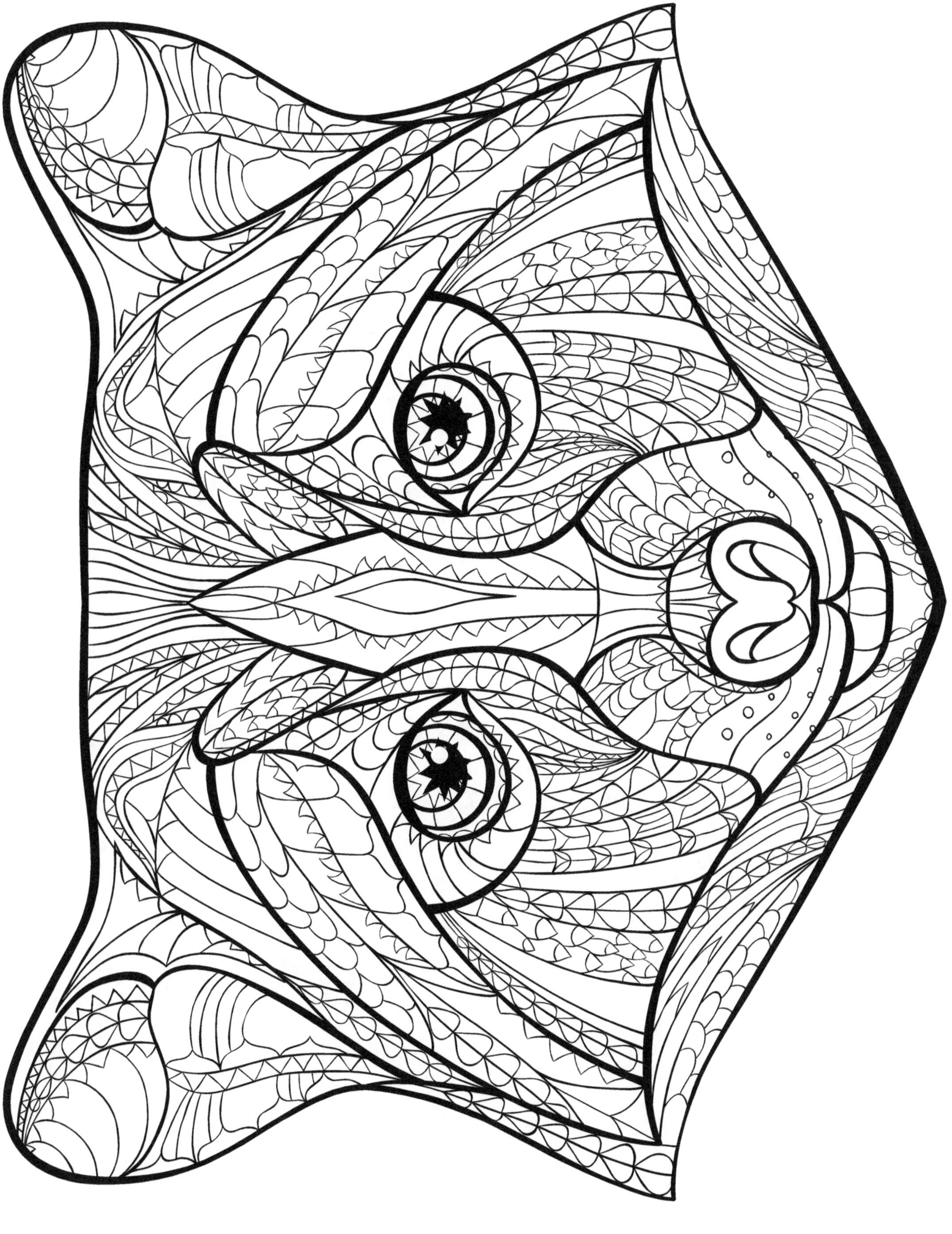

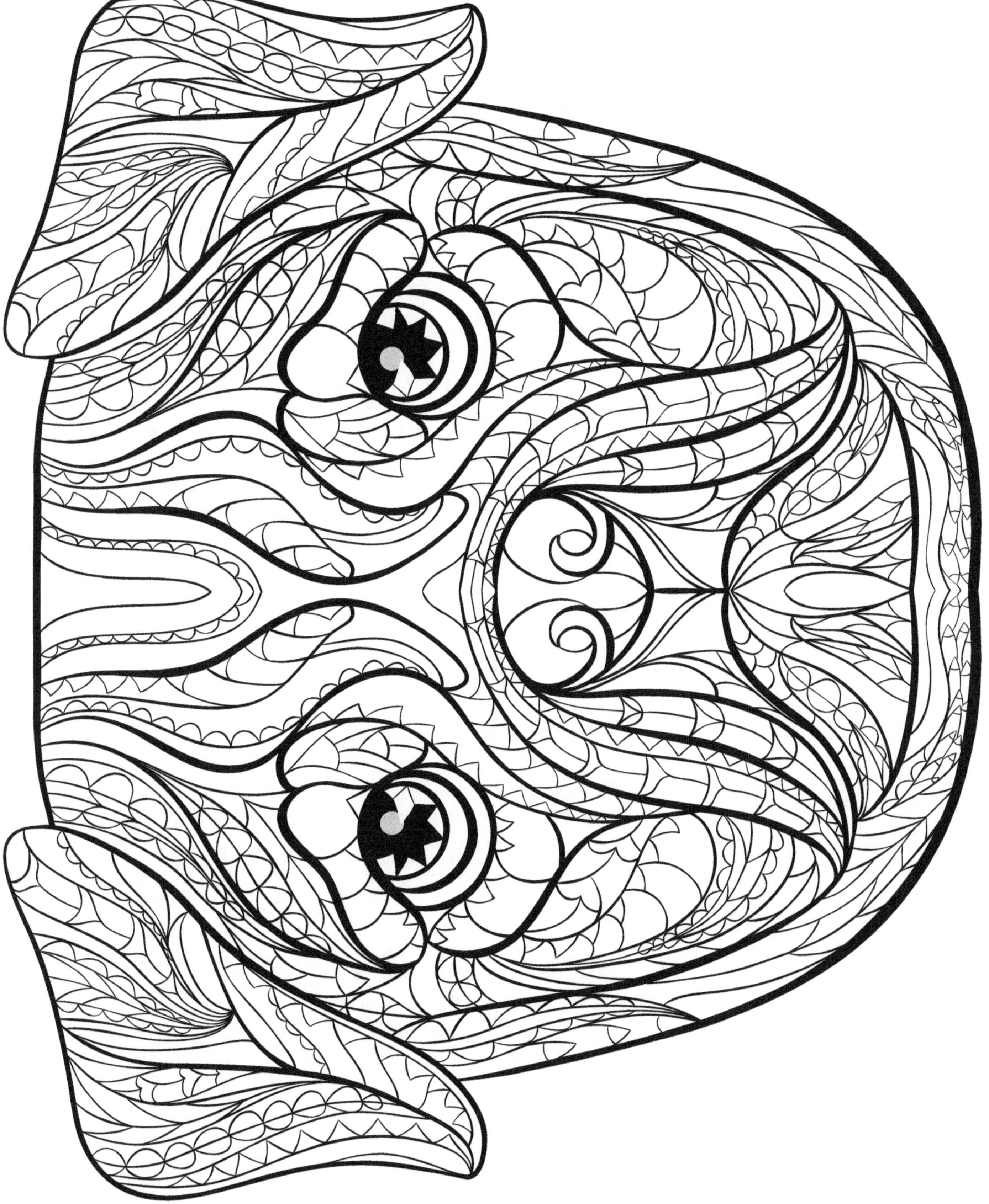

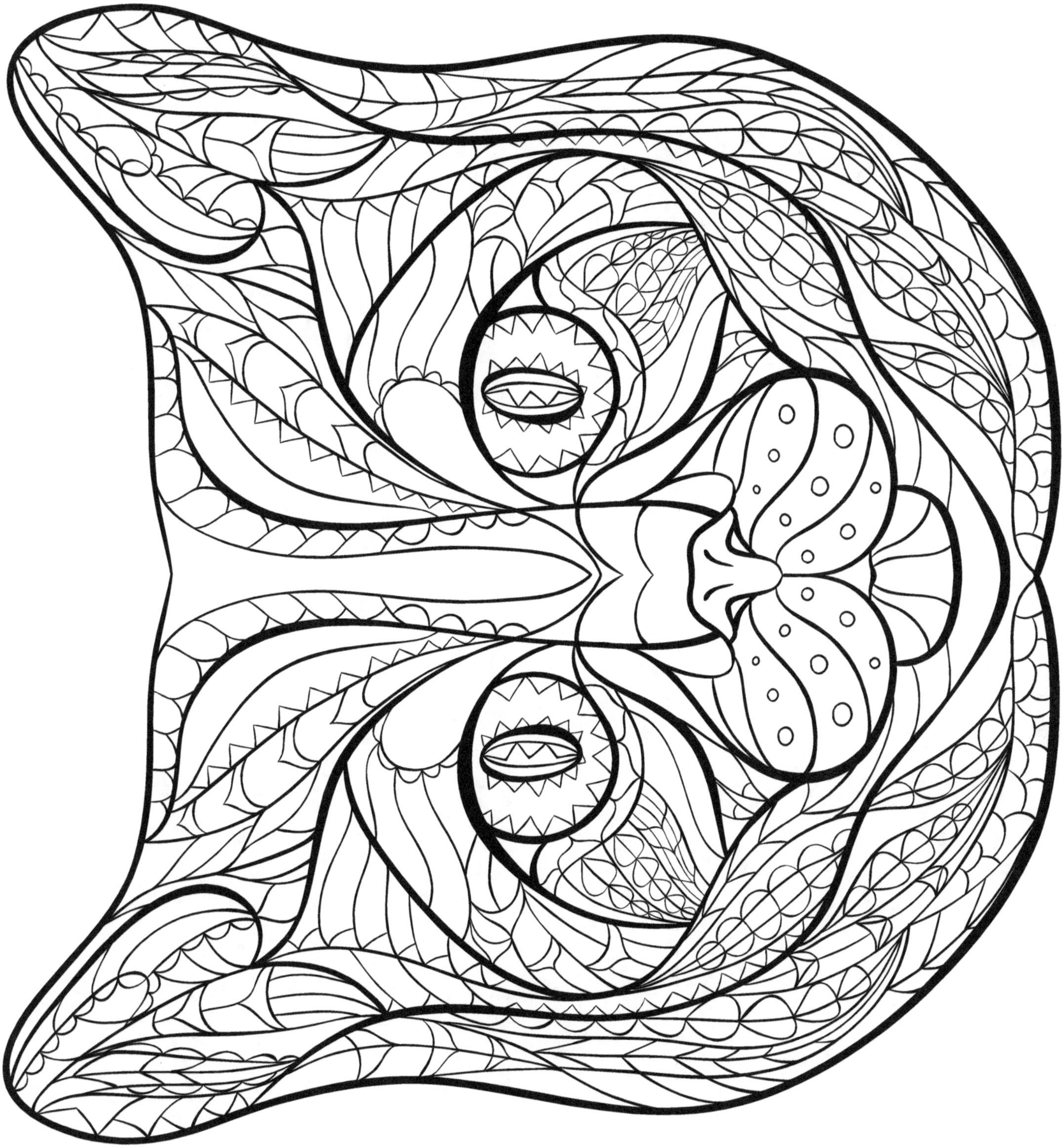

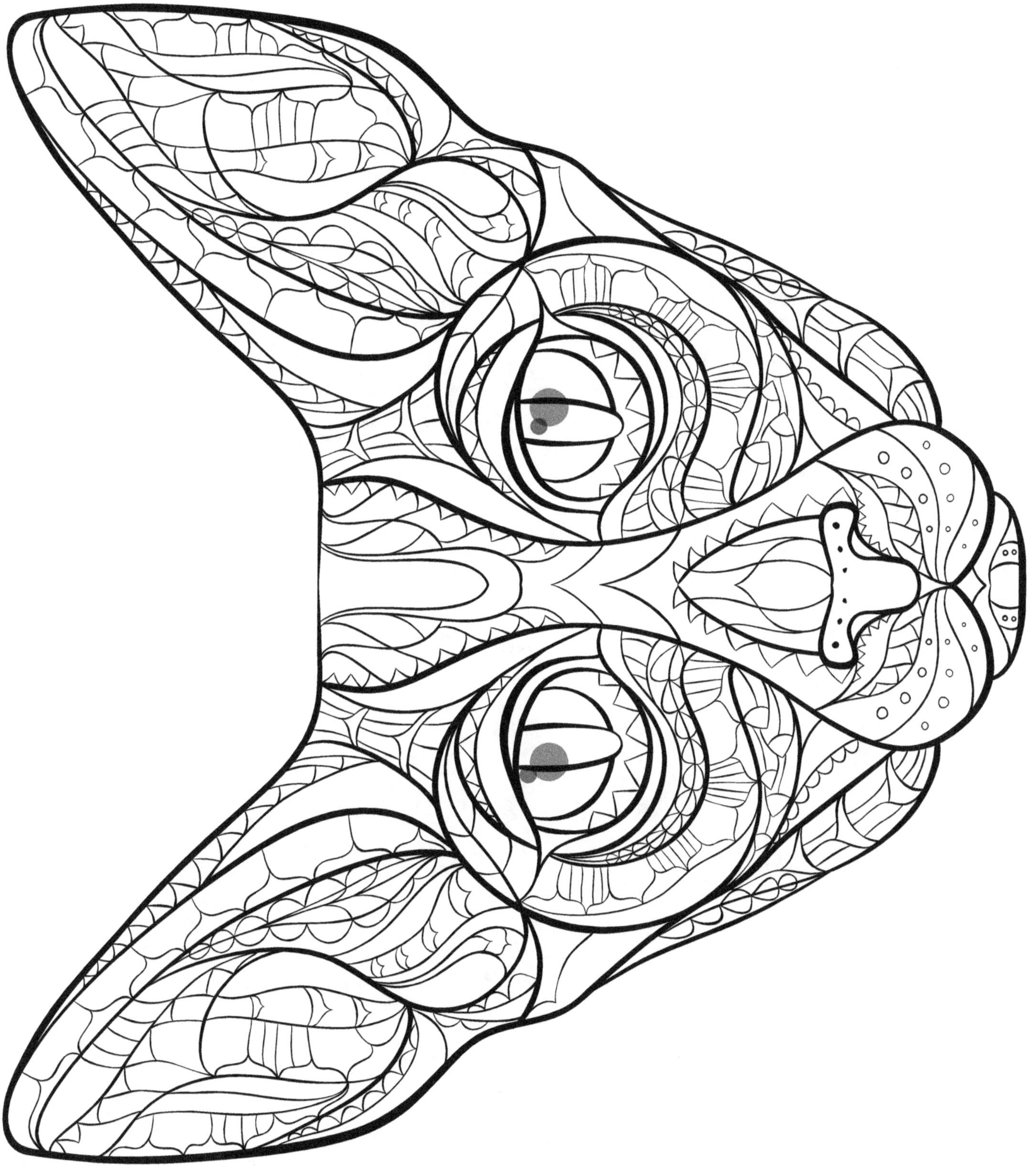

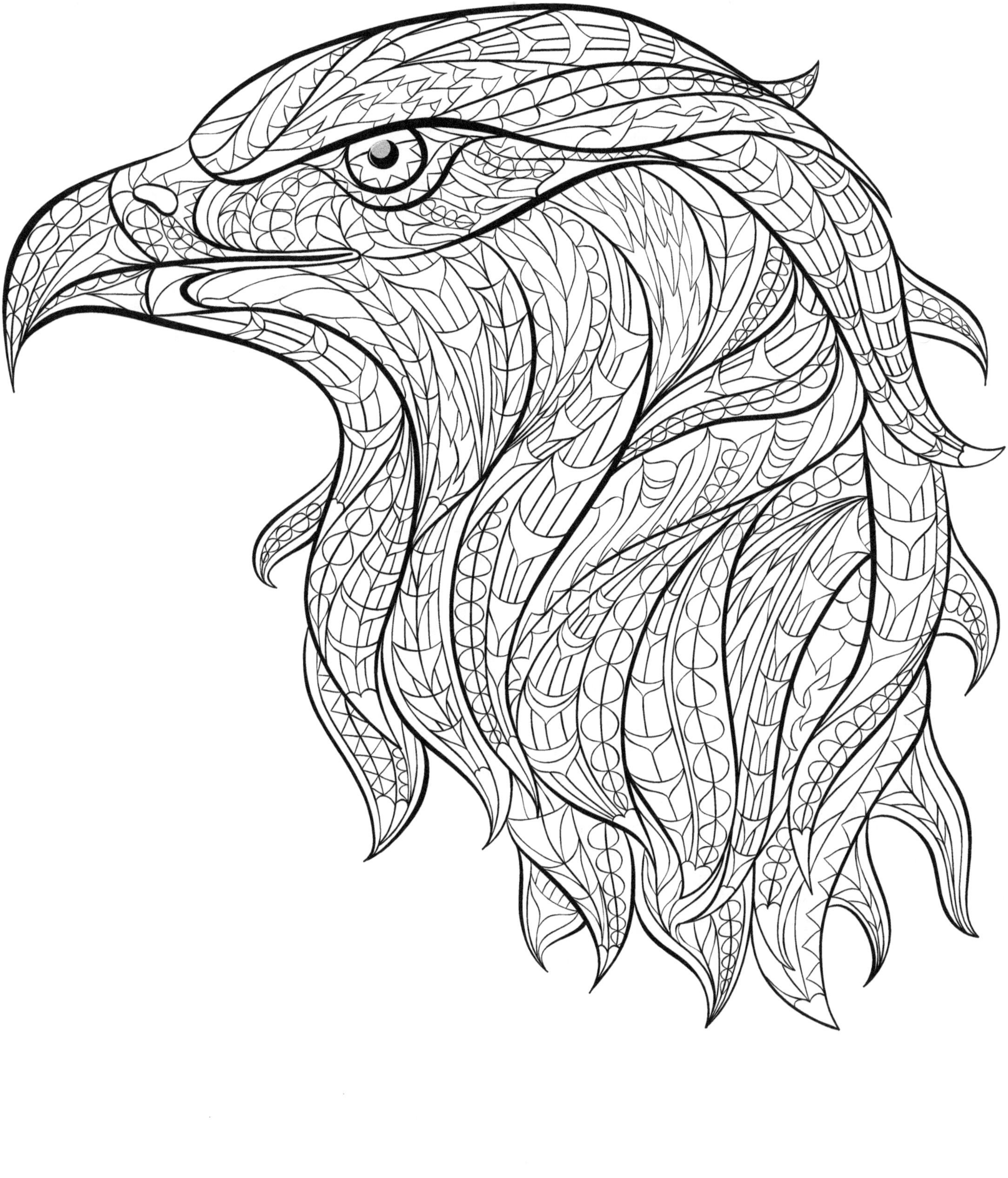

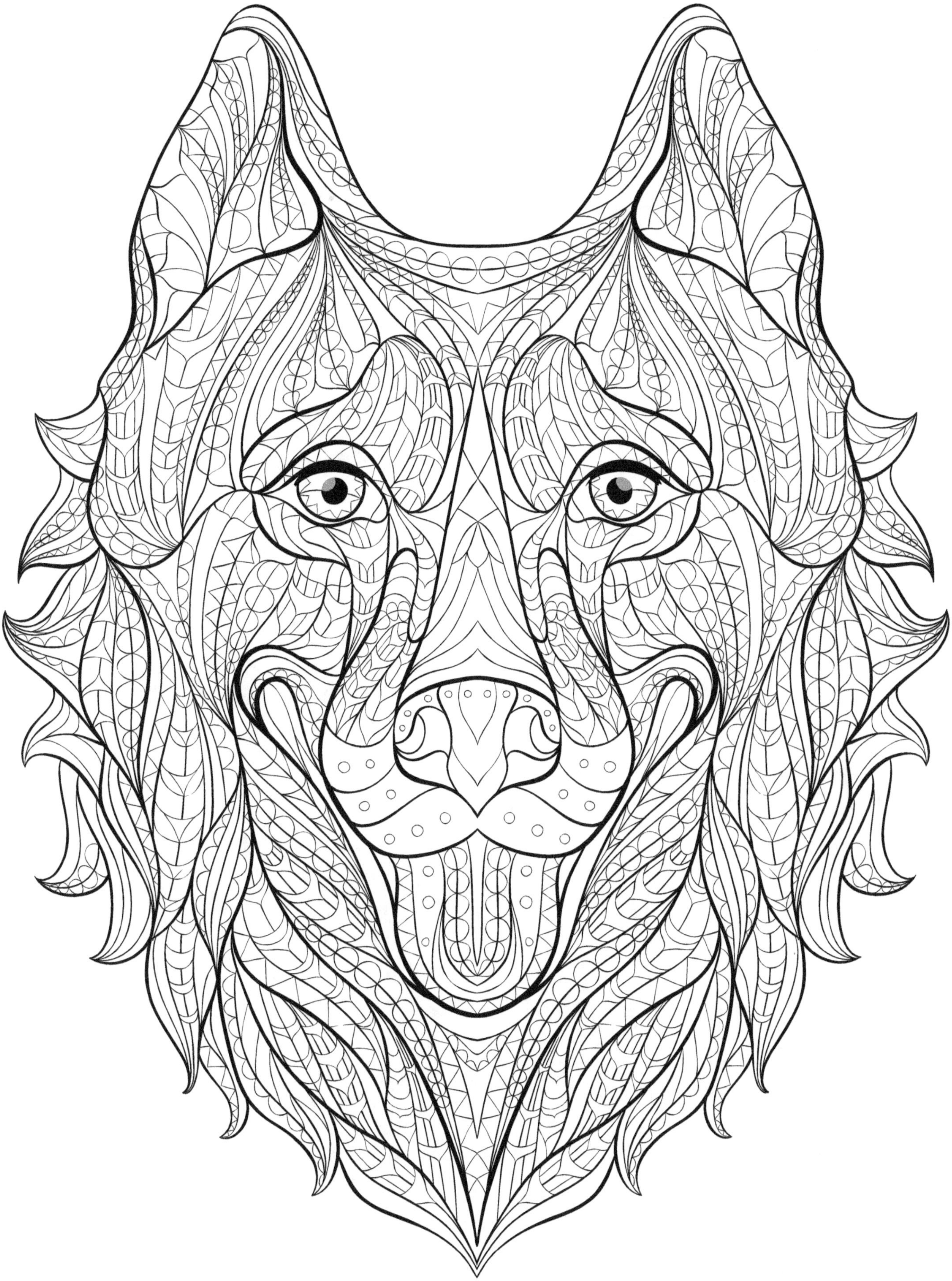

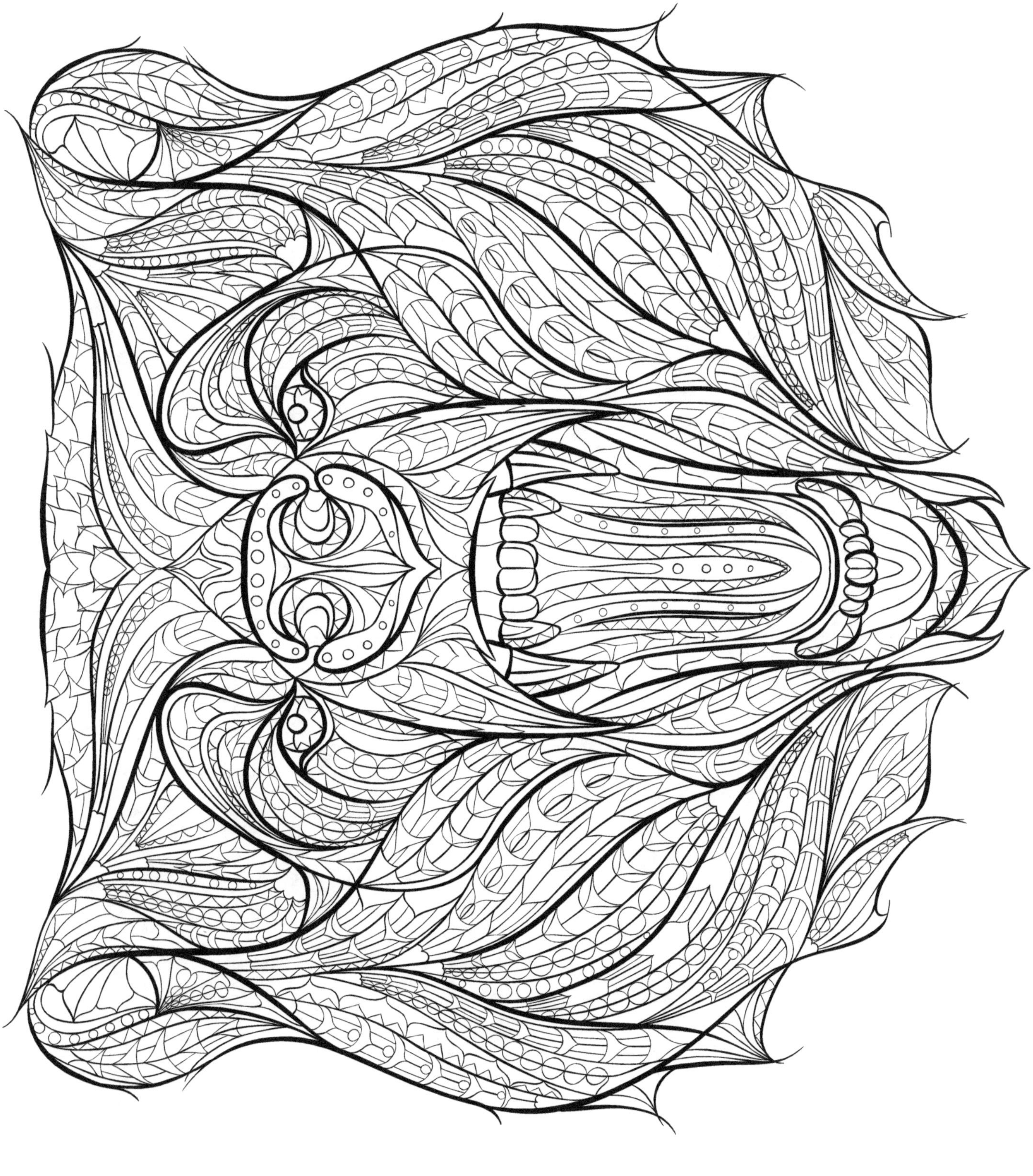

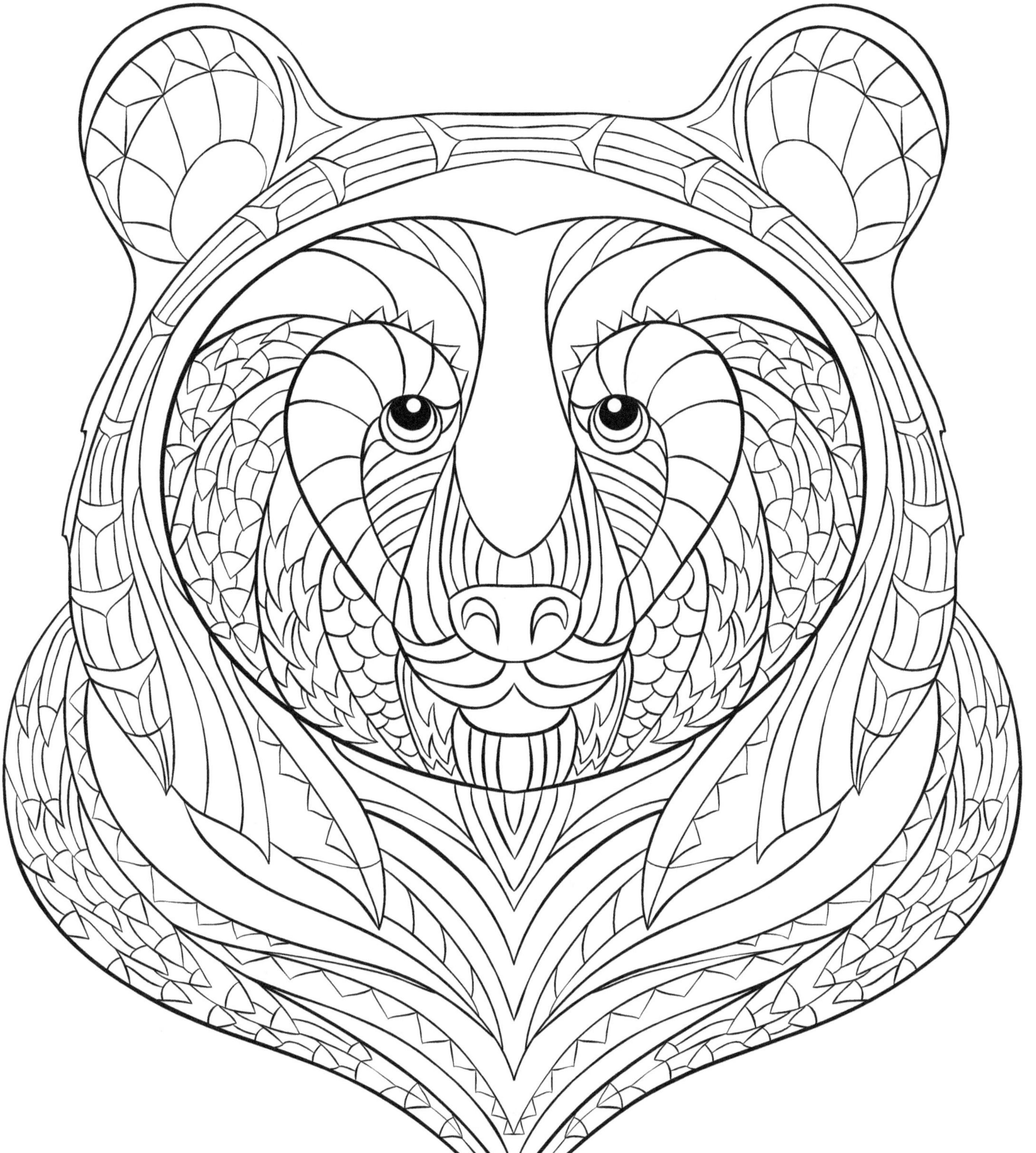

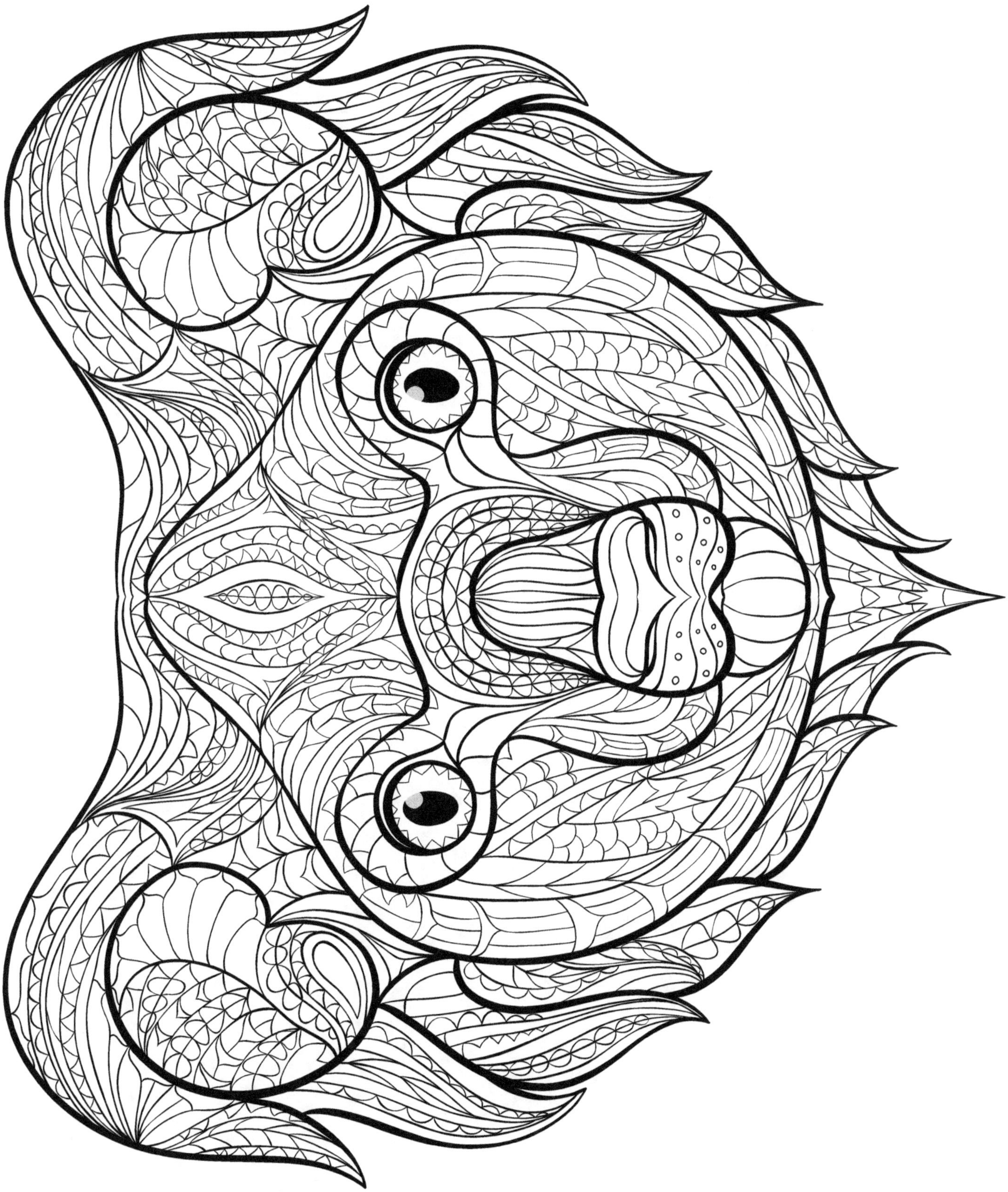

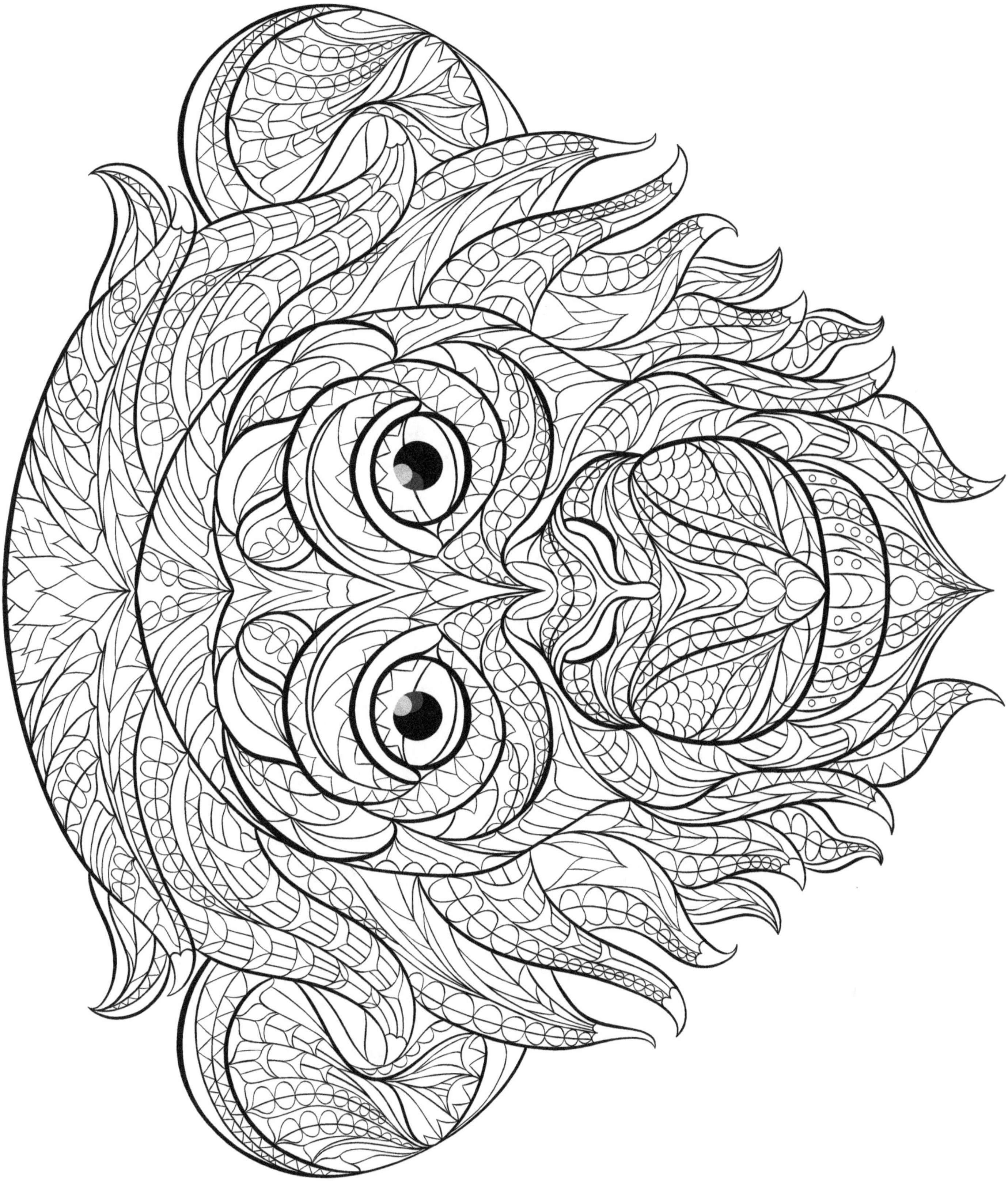

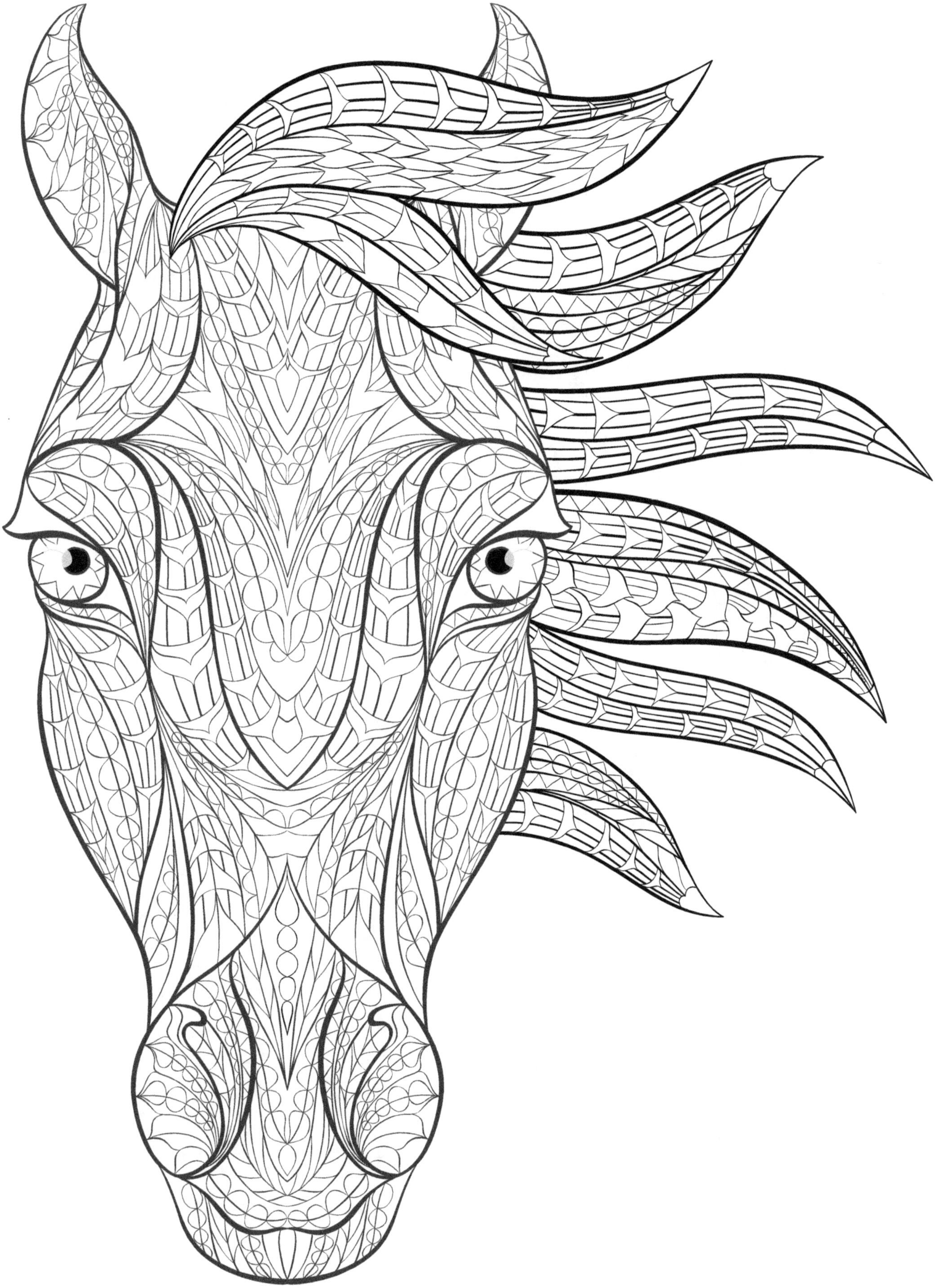

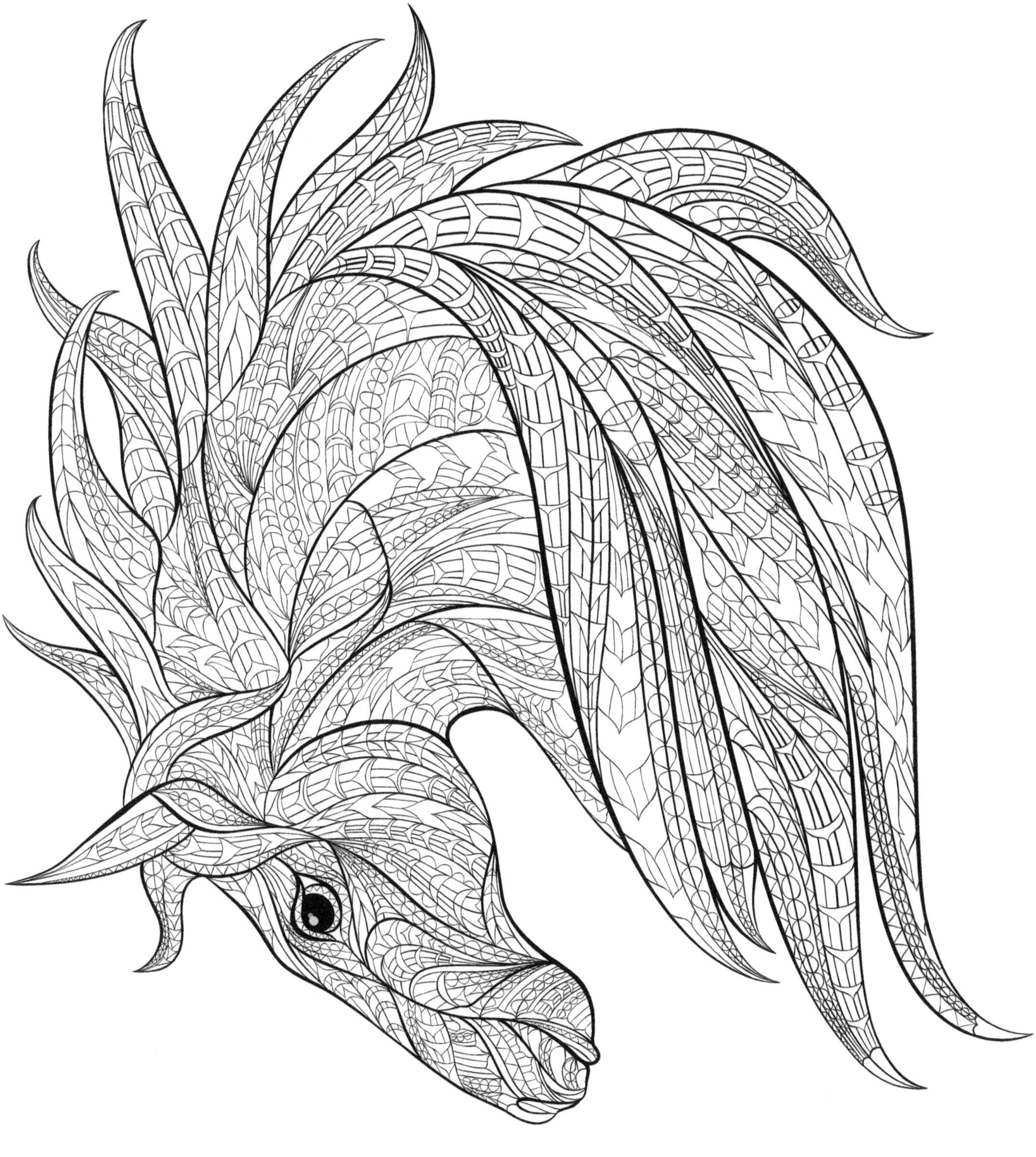

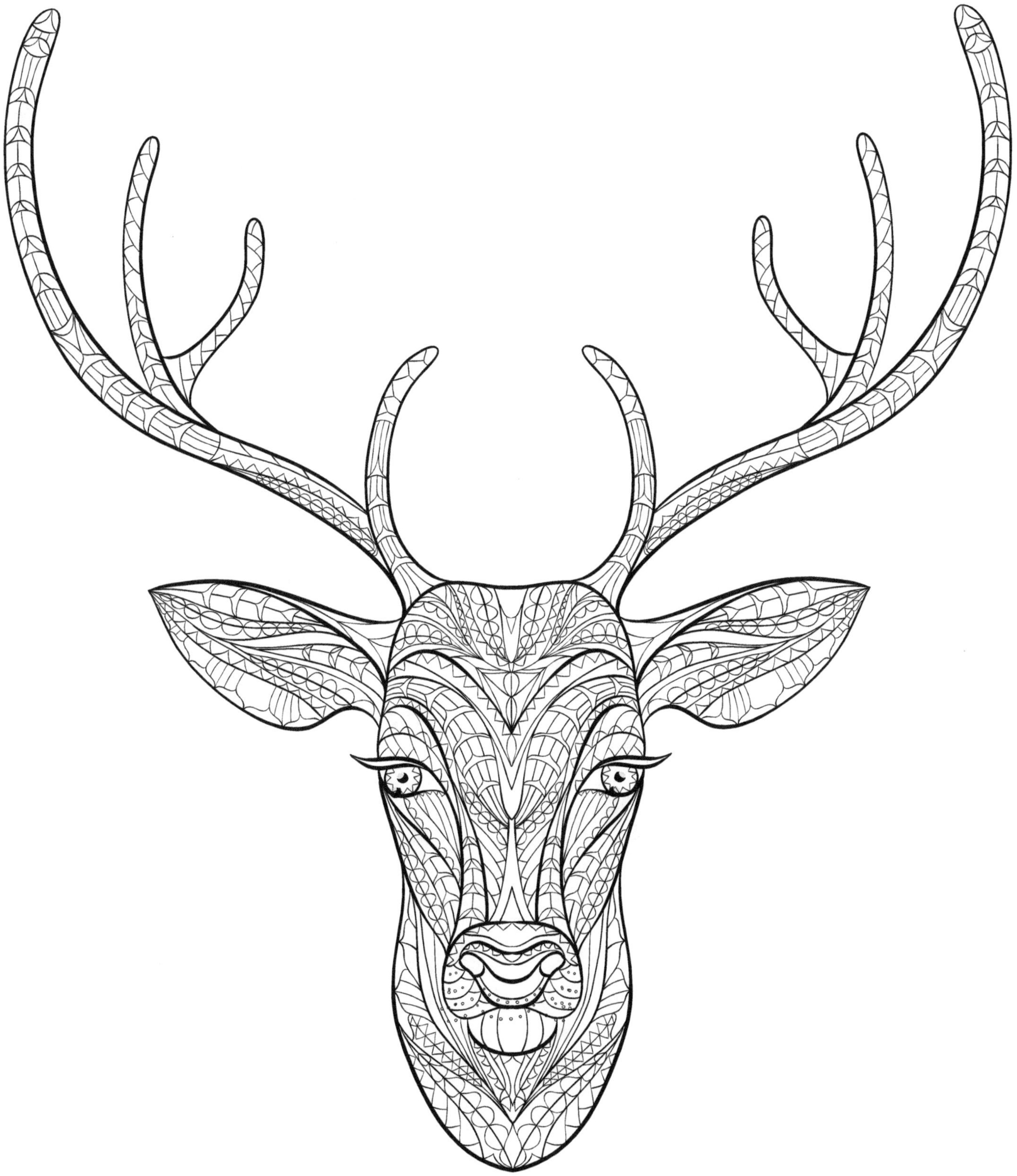

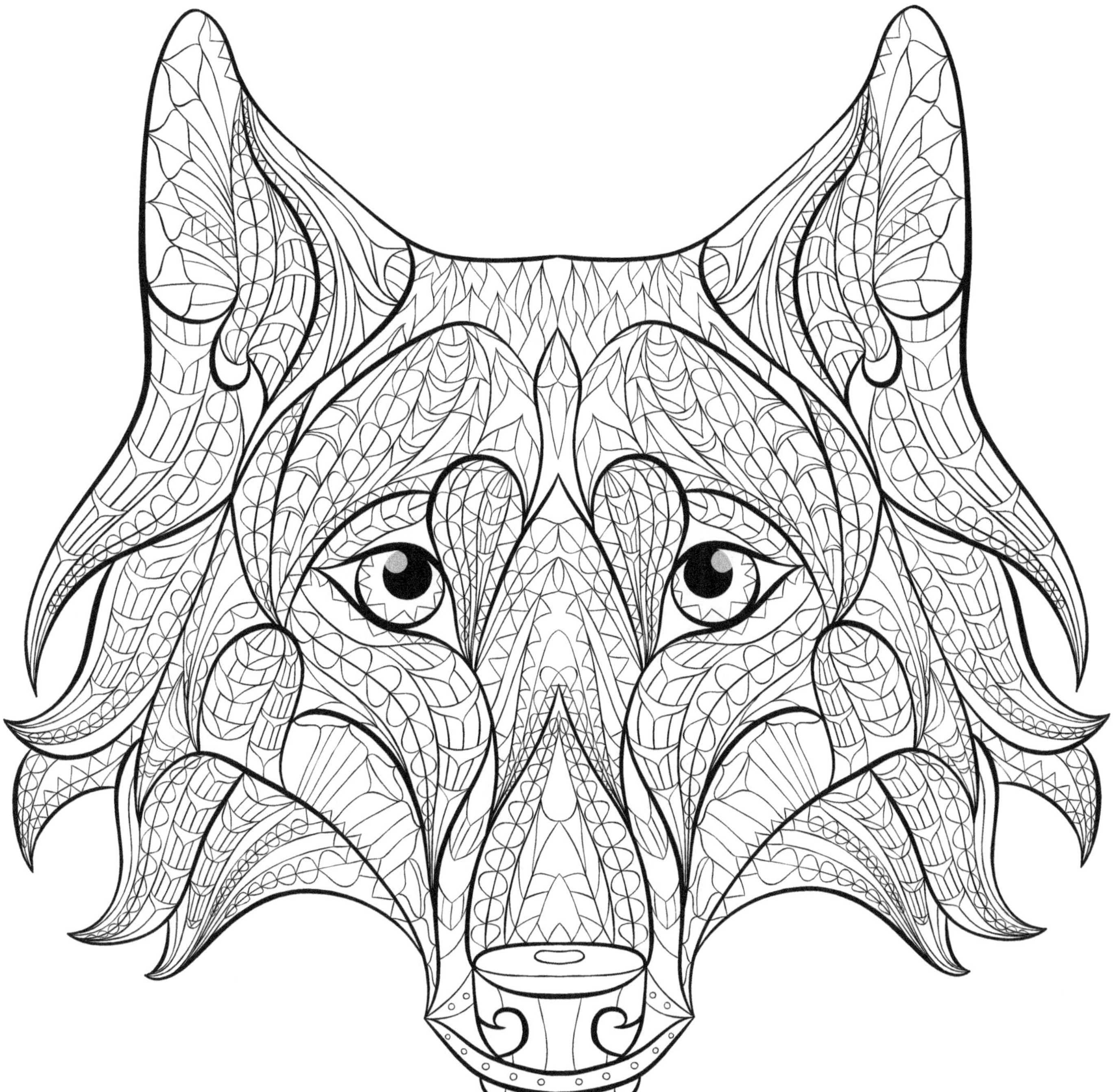

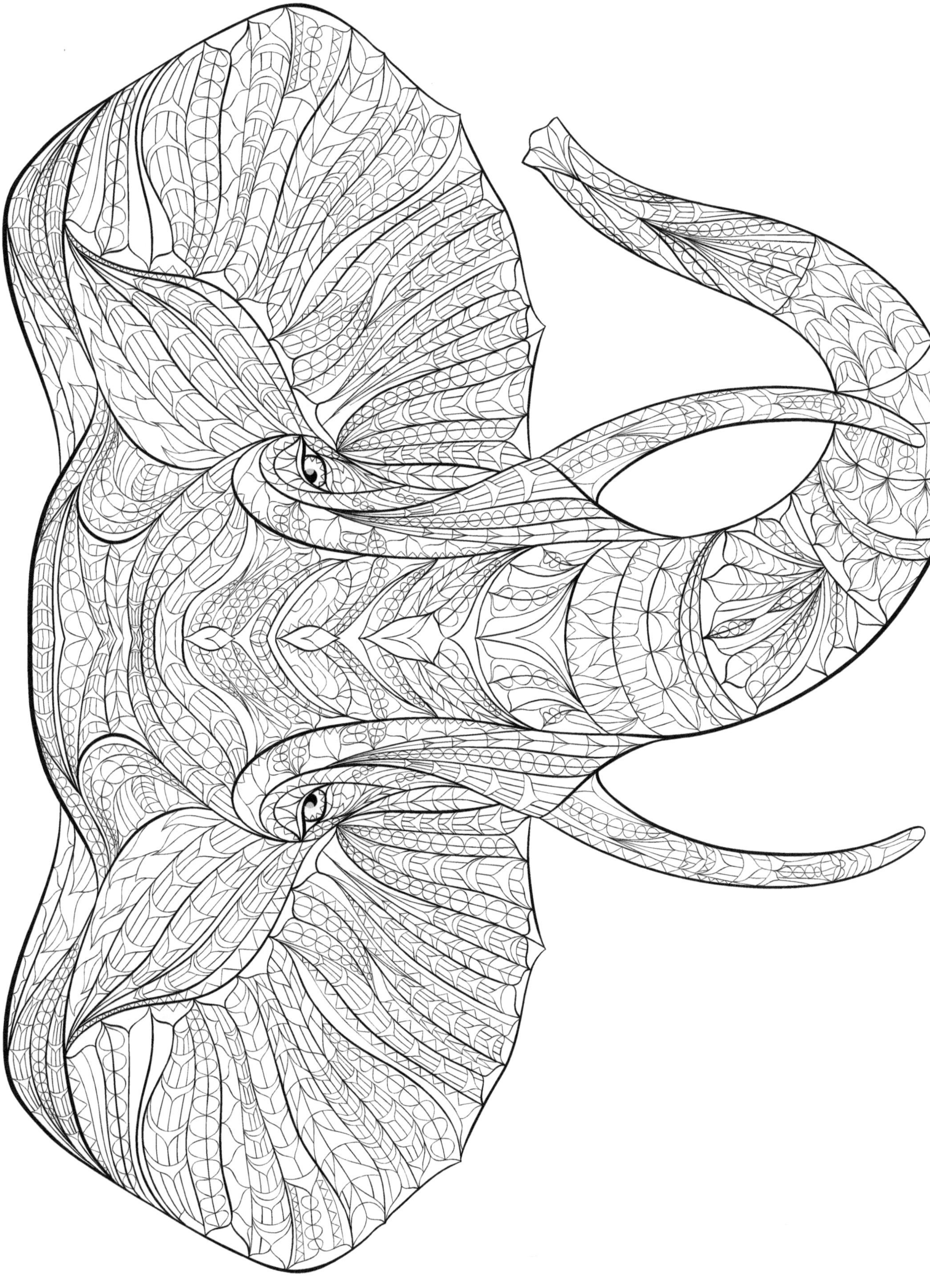

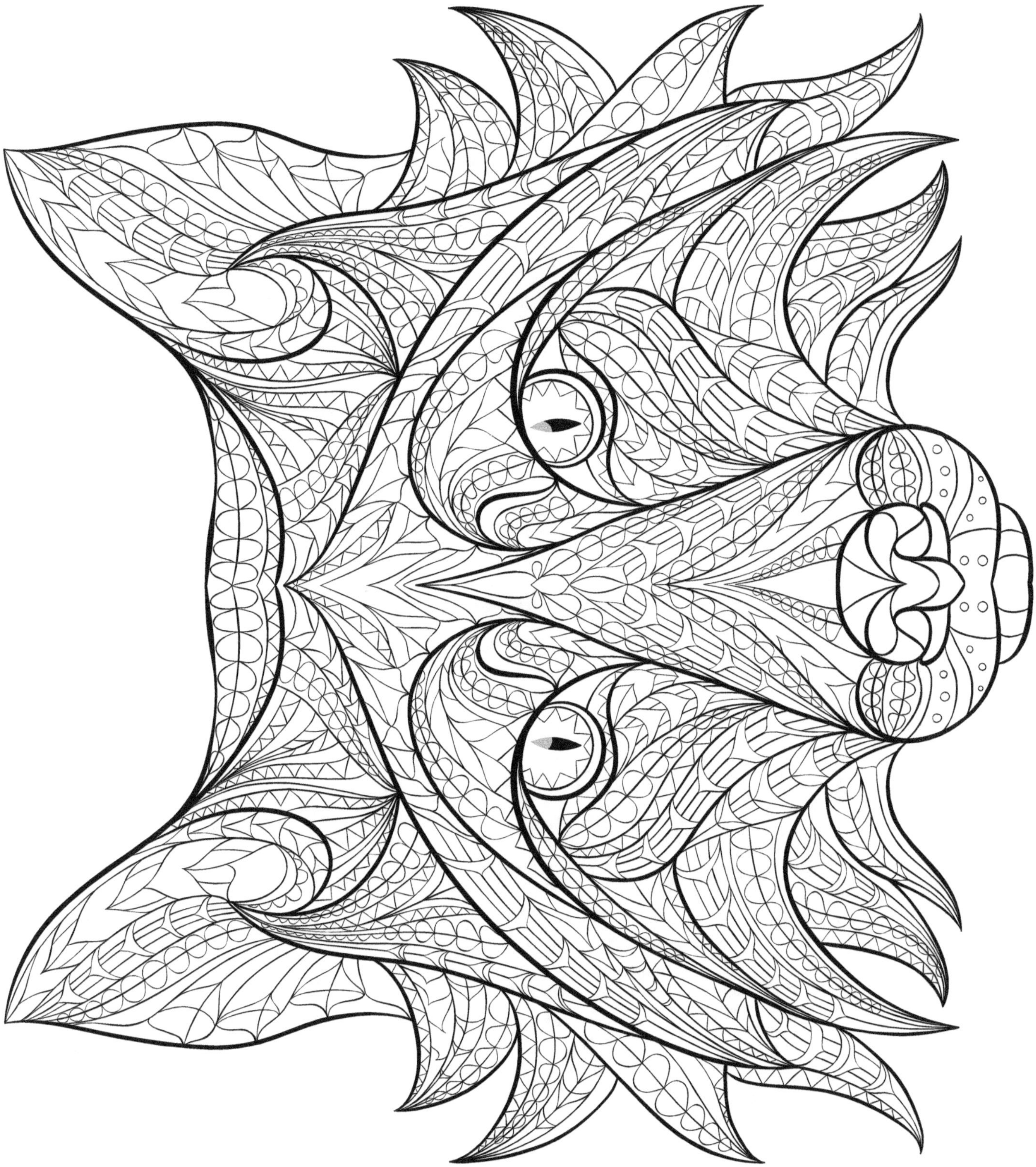

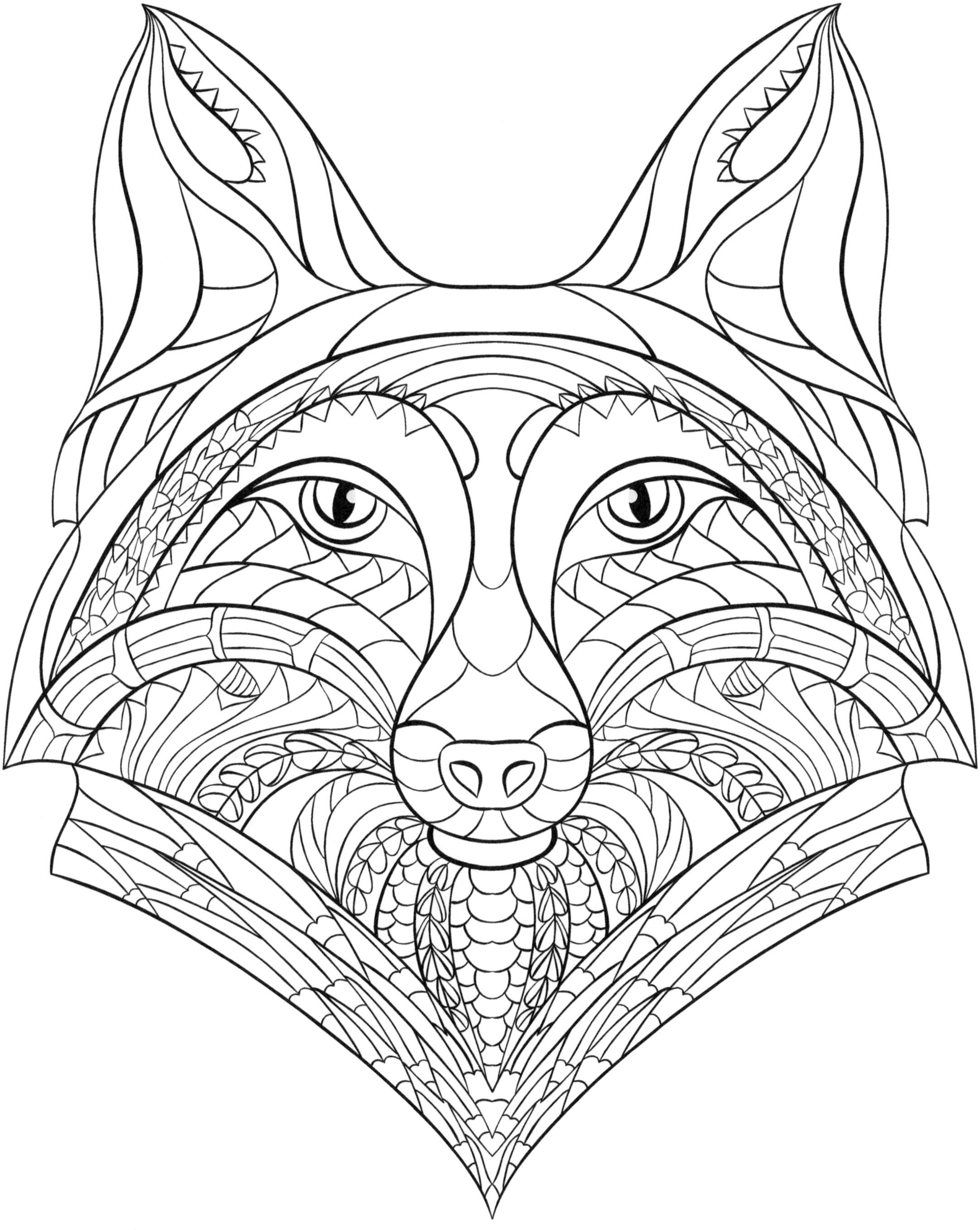

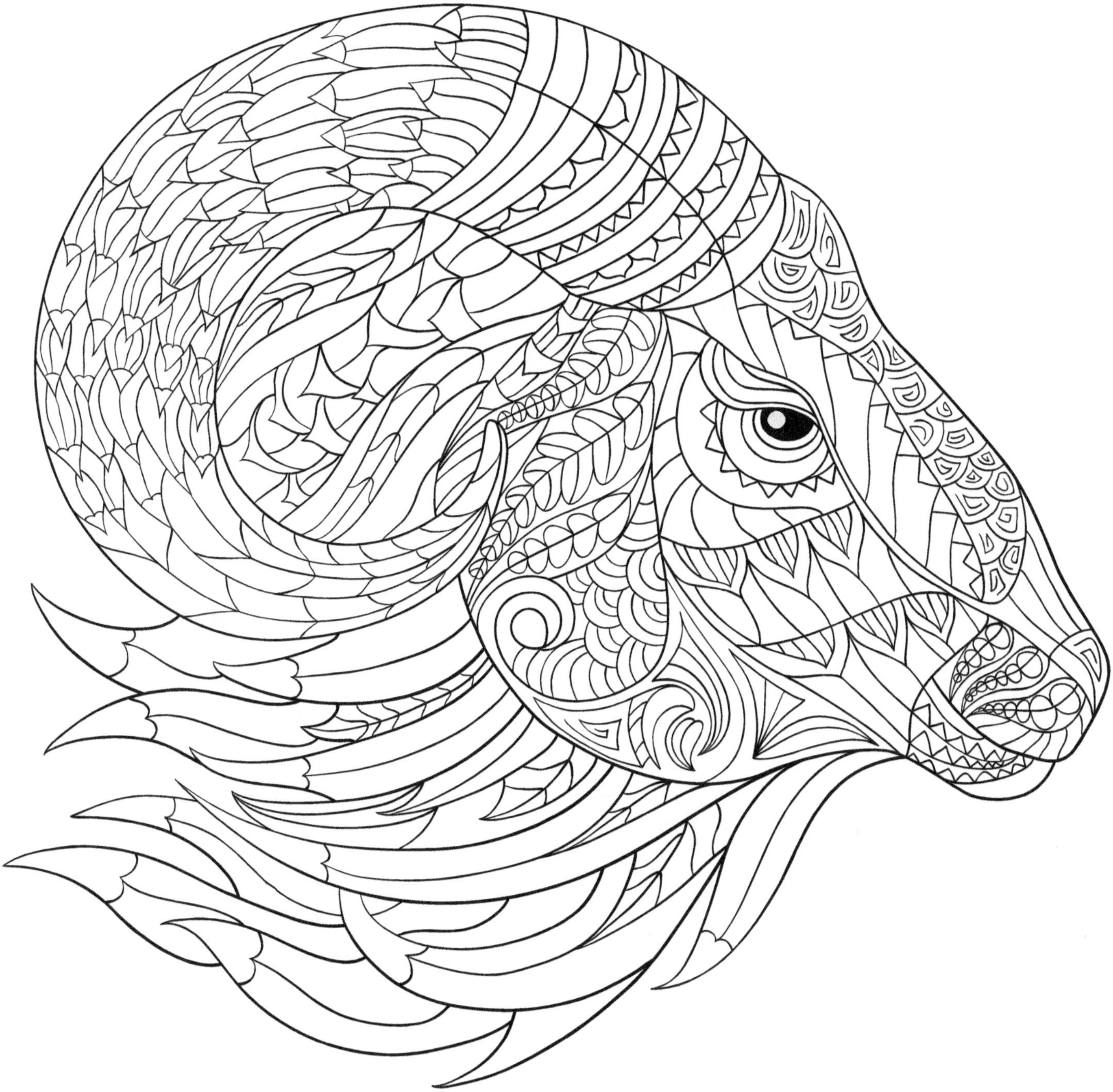

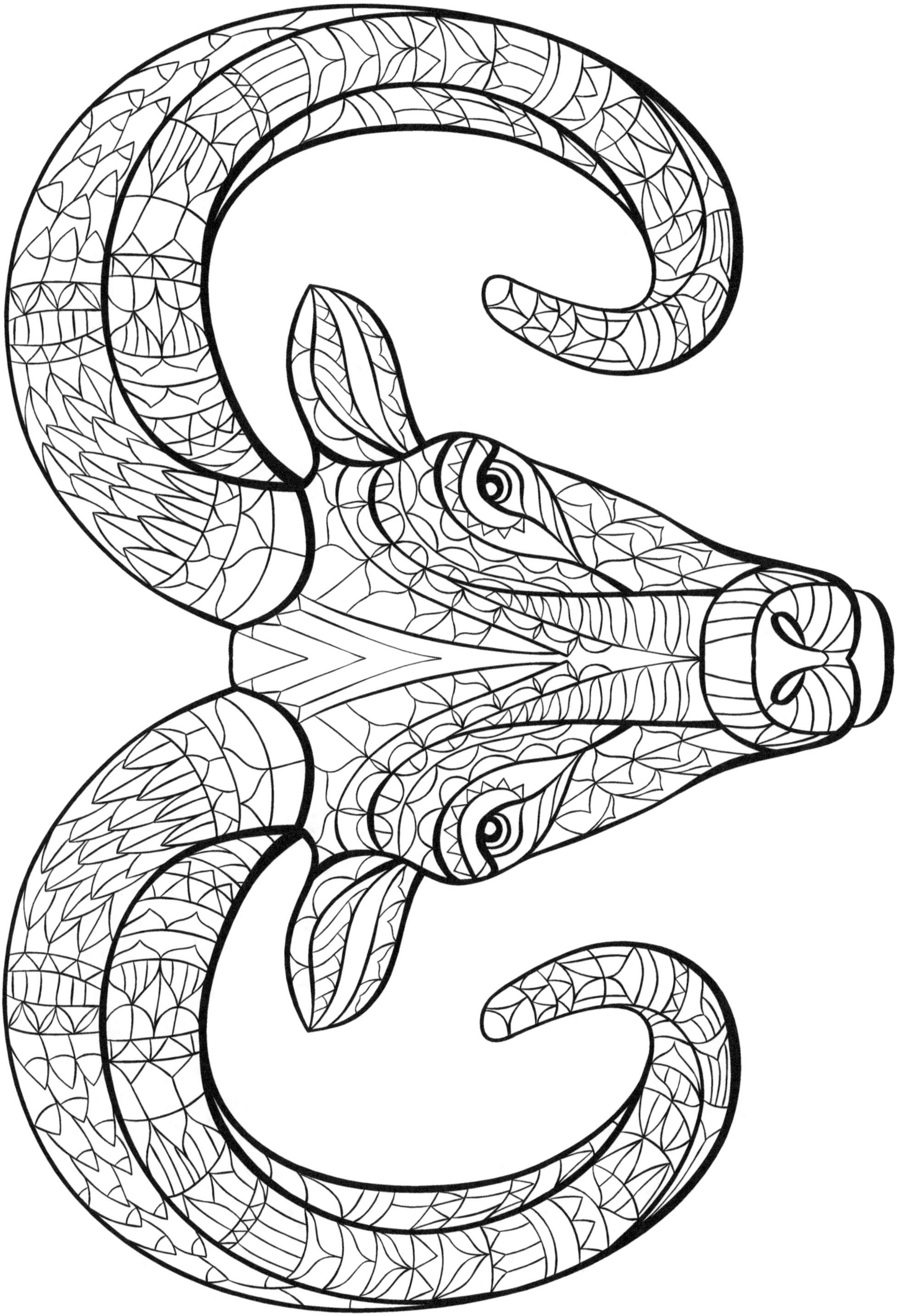

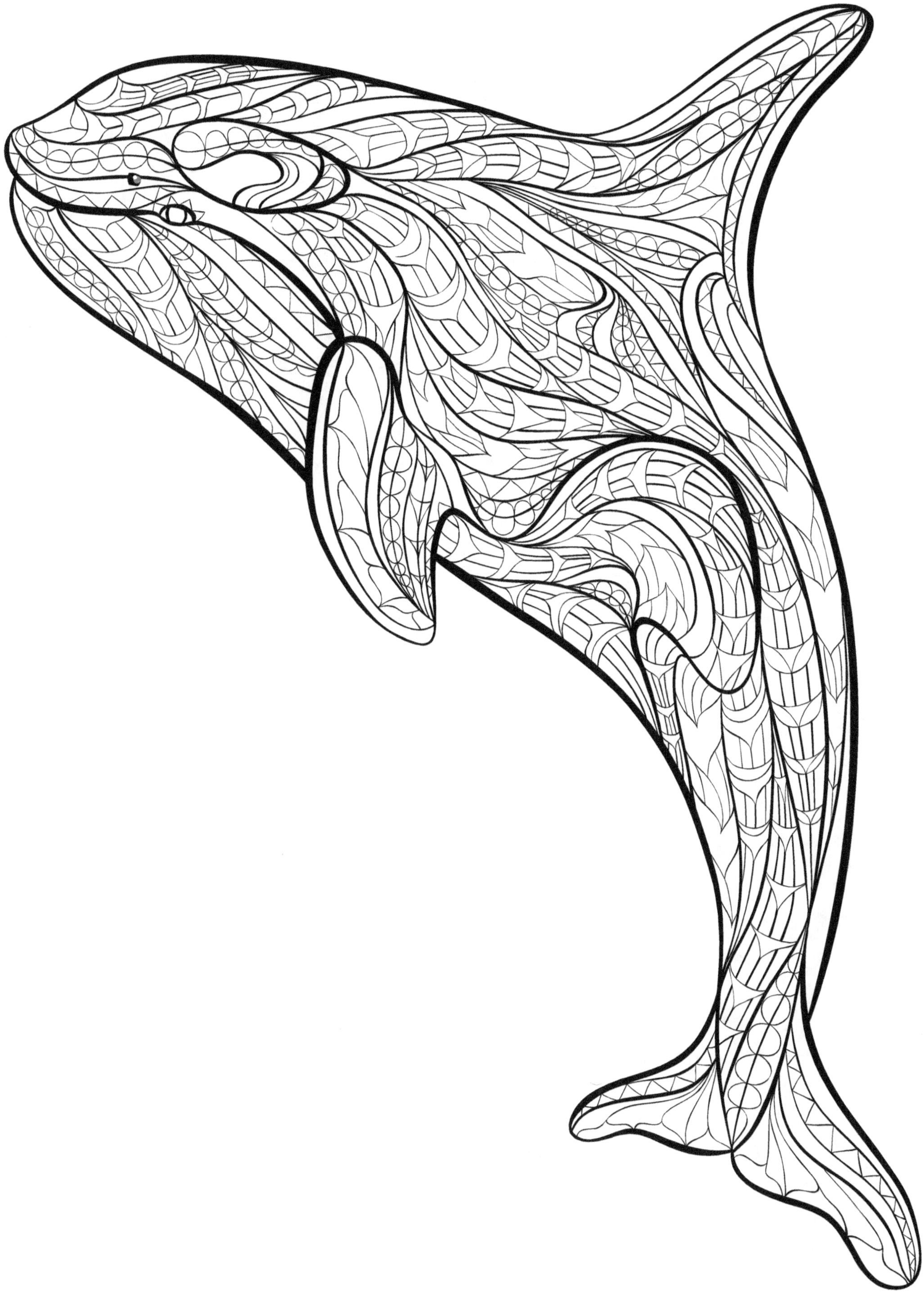

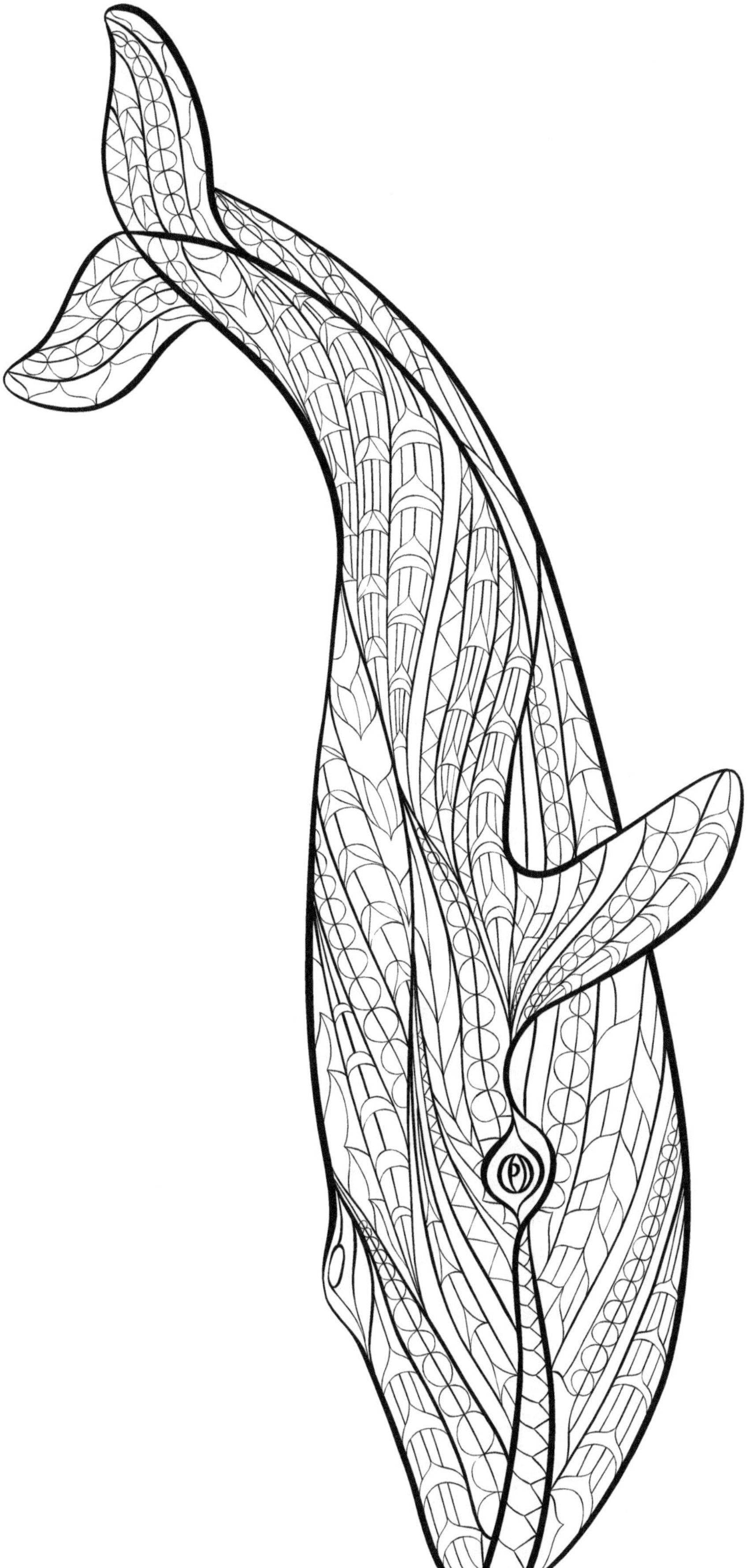

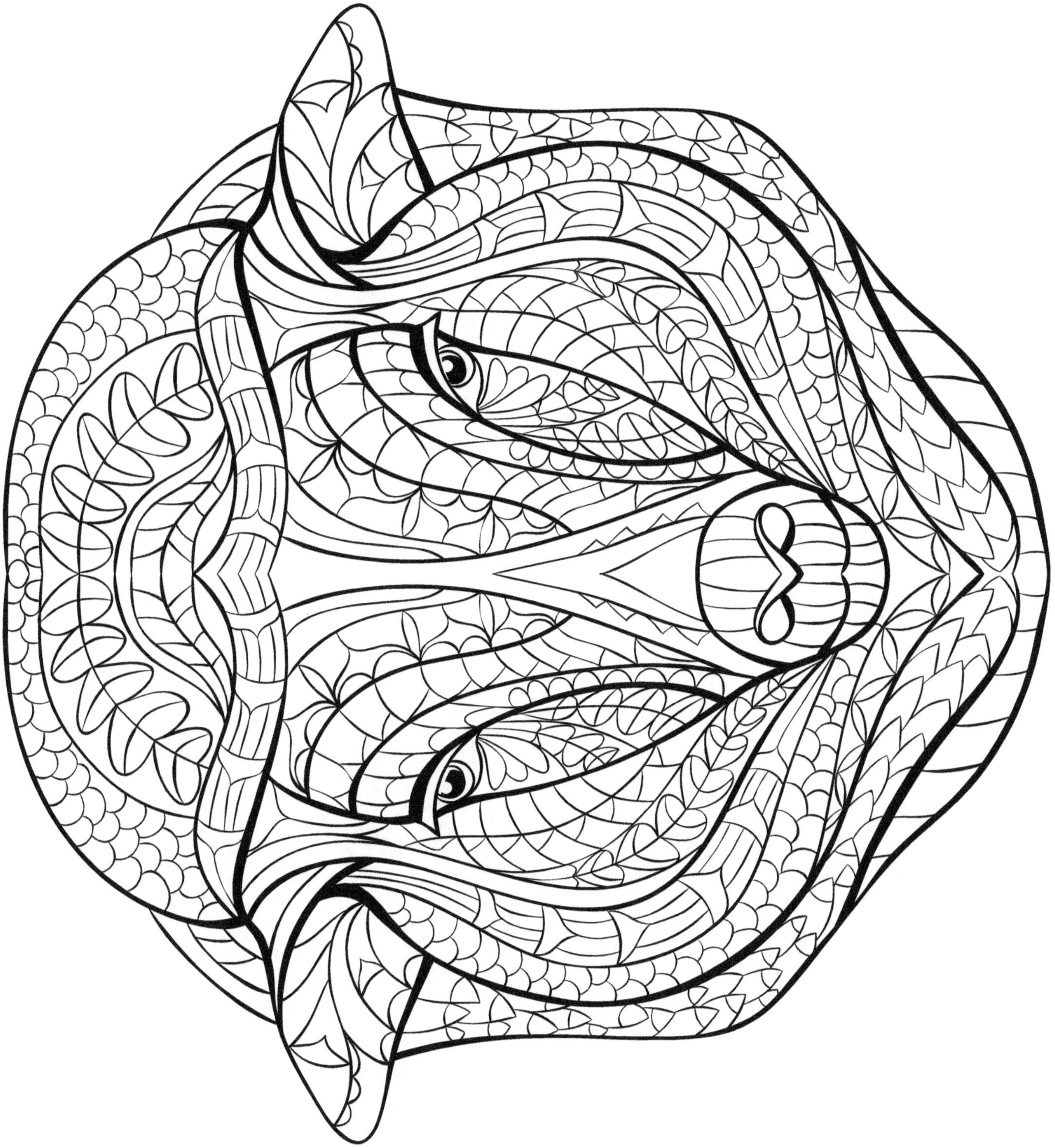

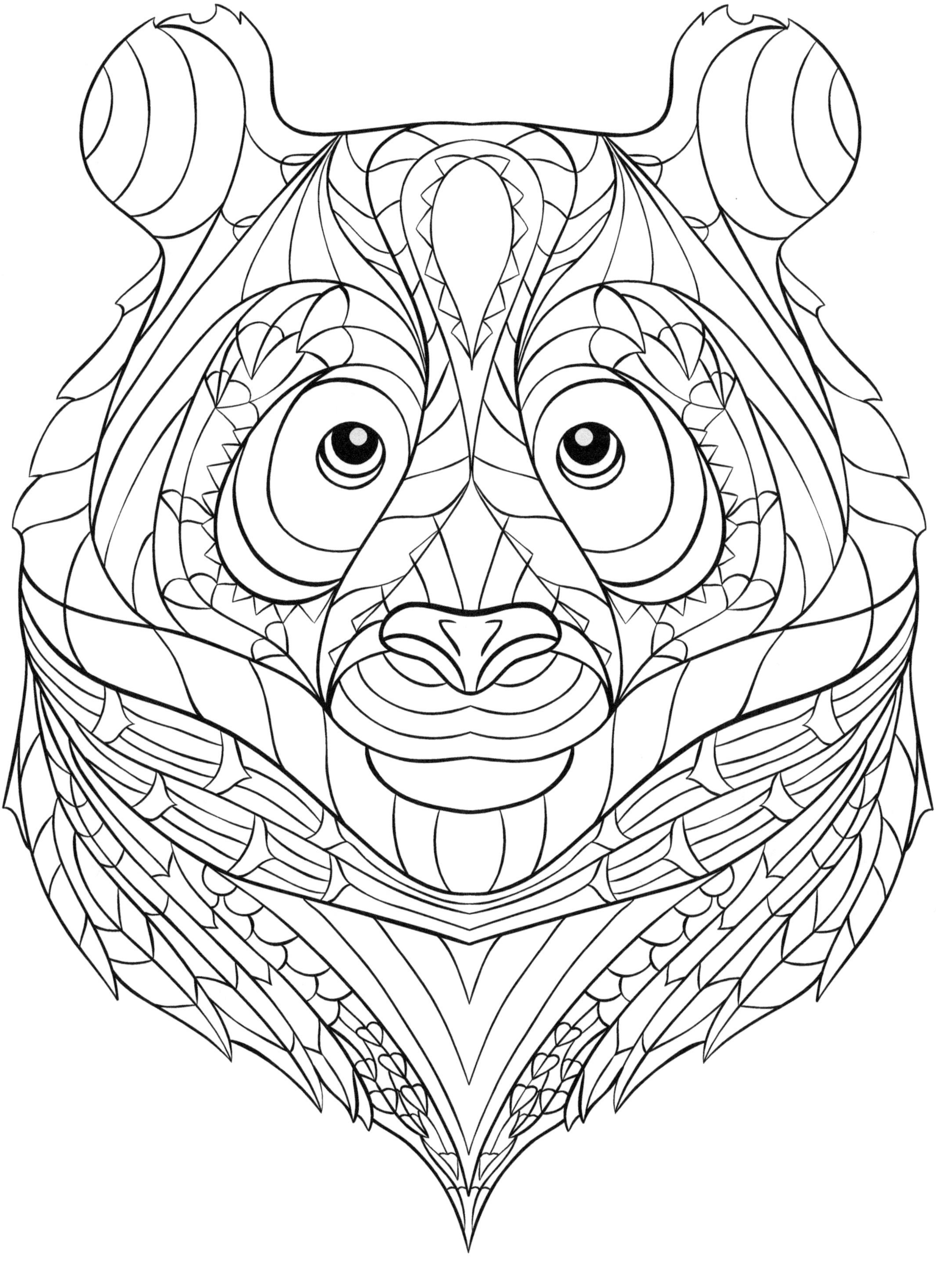

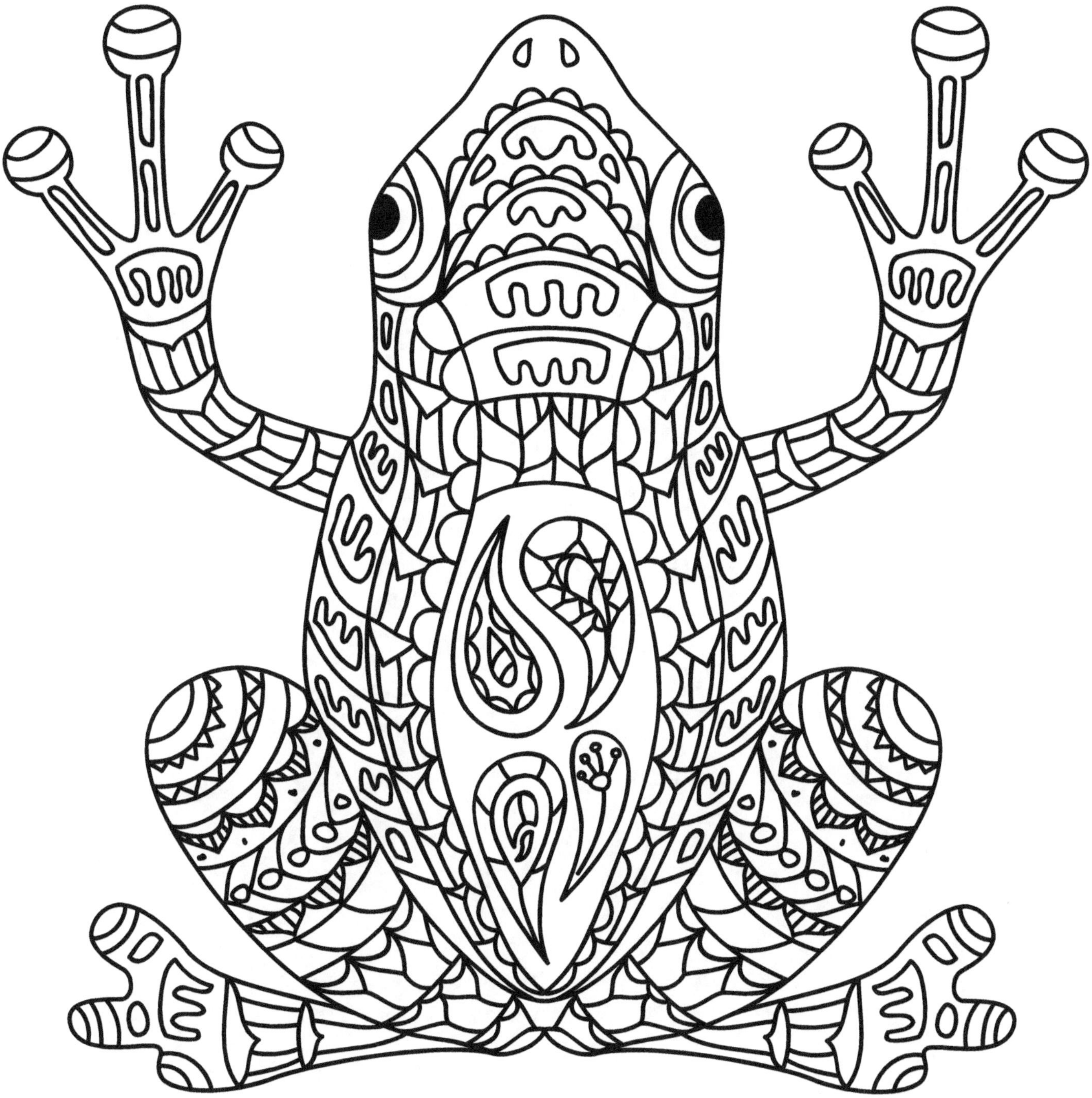

www.ingramcontent.com/pod-product-compliance
Lightning Source LLC
Chambersburg PA
CBHW080539190526
45169CB00007B/2565
* 9 7 8 1 5 3 2 8 1 0 2 7 5 *